青少年
— 拖延心理学 —

蒋 宇 著

中国商业出版社

图书在版编目（CIP）数据

青少年拖延心理学 / 蒋宇著 -- 北京： 中国商业出版社，2020.8

ISBN 978-7-5208-1194-1

Ⅰ.①青… Ⅱ.①蒋… Ⅲ.①青少年心理学 Ⅳ.① B844.2

中国版本图书馆 CIP 数据核字（2020）第 123154 号

责任编辑：杨林蔚　佟彤

中国商业出版社出版发行
010-63180647　www.c-cbook.com
（100053 北京广安门内报国寺 1 号）
新华书店经销
三河市国新印装有限公司印刷
*
710 毫米 ×1000 毫米　16 开　12.5 印张　195 千字
2020 年 8 月第 1 版　2020 年 8 月第 1 次印刷
定价：48.00 元
****
（如有印装质量问题可更换）

面对孩子的磨蹭和拖延，父母难免会感到头疼。尤其是当父母心急如焚时，孩子却表现得事不关己，丝毫也不着急的时候，父母更是会抓狂。面对这种情况，父母该如何做呢？

众所周知，青少年正面临艰巨的学习任务，如果放任青少年养成拖延的坏习惯，那么必然会对其学习产生很大的不良影响。而要想有效地改善青少年的拖延行为，只靠父母一味地催促和批评，并不能收到预期的效果，还有可能因为伤害了青少年的自尊心而导致他们更加叛逆，最终事与愿违。这就要求父母要充满智慧地对待青少年，挖掘青少年拖延行为背后潜藏的心理原因，并和青少年并肩作战，一起战胜拖延的坏习惯。

事实上，造成青少年拖延的原因有很多：有些是因为天生慢性子，有些是因为畏难，有些是为了偷懒，有些是因为做事情没有好习惯，有些是因为遭遇了学习的瓶颈不知道如何突破，有些是因为受到朋友或者同学的不良影响，也有的是因为叛逆……由此，对于青少年形形色色的拖延原因，父母只能调动自身的智慧，和青少年斗智斗勇。在此过程中，父母一旦控制不好情绪，就有可能歇斯底里，因此，父母帮孩子战胜拖延的前提就是必须控制好自己的情绪。有些父母本身也有拖延的习惯，因此还要戒掉自己的拖延症，给孩子做好榜样，才能以身示范，带动孩子，让孩子用勤奋战胜拖延，用自觉战胜懒惰，用高效战胜低效或者无效。

在孩子成长的过程中，父母是孩子最亲密的人，也亲眼见证了孩子的成长和进步。在面对拖延问题时，父母切勿与孩子对立起来，而是要坚定不移地与孩子统一战线，这样才能帮助孩子战胜拖延。孩子的心理节奏原本就比成人的心理节奏慢，因此父母不要以对成人的要求去要求孩子，而是要尊重孩子的节奏，让孩子拖延"有理"。有的时候，催促并不能收到良好的效果；反之，父母如果给予了孩子足够的尊重，也给予了孩子足够多的时间，那么就要相信孩子能够管理好自己，并增强自控力。

人人都会拖延，不仅青少年如此，作为成人的父母也是如此。面对青少年的拖延，父母无须如临大敌，而是要怀着平常心，心平气和地陪伴孩子一起战胜拖延。这里还需要注意的是，拖延并不是容易战胜的敌人，有的时候，我们明明已经战胜了拖延，拖延却在我们疏忽大意的时候卷土重来，这是因为人的本能就是趋利避害，而拖延恰恰可以让我们暂时逃避艰巨的任务，慵懒懈怠地度过当下这一刻。所以，父母和青少年还可以相互监督、相互提醒，让拖延无处遁形，一去不返。

第一章
青少年拖延症的心理成因及表现

潜意识害怕失败,导致行动懈怠 / 2

过于追求完美,陷入拖延深渊 / 5

看不到价值意义,从而没有行动力 / 8

消极自我暗示,限制了行动激情 / 12

缺乏清晰的思路,导致无从下手 / 15

自我舒服迁就,导致麻木拖延 / 19

趋利避害的选择,导致因畏难而拖延 / 22

家长过度的安排,导致逆反拖延 / 25

第二章
有的放矢进行选择,全神贯注提升专注力

明确设定目标和计划,才能不忘初心 / 30

分清轻重缓急,避免做无用功带来挫败感 / 33

摒弃那些看似绝对完美的计划 / 36

勇敢选择,肩负起自己的责任 / 39

明确那些必须面对的现实 / 42

不要打着关心的旗号打扰孩子 / 45

第三章
提升自信心,以勇敢无畏的姿态治愈拖延

不怕拒绝他人,不当老好人 / 50

缓解焦虑症,避免强迫引发拖延 / 53

不逃避,勇敢面对才能解决问题 / 56

该来的总会来,何不主动迎战 / 59

没有最好,只有相对更好 / 62

坚持打卡,每天都离目标更近 / 65

第四章
自理自立自强,没有人可以代替你成长

好妈妈首先是"懒妈妈" / 70

给孩子选择的空间 / 73

困难如山,却禁不起你的蚕食 / 76

避免过度安排孩子 / 79

遇到问题,让孩子独立思考 / 82

让孩子承担家务劳动 / 85

给孩子自主交友的自由 / 88

第五章
增强时间观念,提升时间管理能力

筛选待办事情,把时间用在刀刃上 / 92

增强时间观念,充分利用时间 / 96

让孩子为浪费时间付出代价 / 99

不要让"等一下"成为口头禅 / 102

只有你，才能偷走你的时间 / 106

把握时间节点，让拖延一去不返 / 109

我生待明日，万事成蹉跎 / 112

使用番茄管理法切割时间 / 115

早起的魔力，你不可不知 / 118

第六章
坏习惯加重拖延，好习惯戒除拖延

家庭规矩，让孩子从细节处改变 / 122

一百次计划，也比不上一次行动 / 125

效率比完美更重要 / 128

时间并不能解决一切问题 / 132

养成倒计时的好习惯 / 135

化繁为简，一切都很简单 / 138

现在，请清理你的书桌 / 141

第七章
增强自控力，提升执行力

好奇害死猫，切勿每件事情都想做 / 144

告诉全世界，你已经向拖延宣战 / 147

任何时候，都不要放任自己 / 150

戒掉懒惰，你与拖延的战役就胜利了一半 / 154

未雨绸缪制订计划，从容不迫应对突发情况 / 157

每天进步一点点 / 160

父母减少"他控"，孩子才能"自控" / 163

第八章
营造良好的成长氛围，和身边的人携手共进

多多关注孩子 / 168

父母要对孩子言传身教 / 171

放慢节奏，让孩子"拖延"有理 / 174

适当运用鼓励 / 177

拖延的孩子有理由生气吗 / 180

远离"拖延症患者" / 183

远离损友，加入正能量圈 / 186

后记 / 189

第一章
青少年拖延症的心理成因及表现

很多父母都发现,孩子特别喜欢拖延,尤其是在进入青春期之后,原本特别愿意和父母沟通的孩子,却变得越来越沉默寡言,叛逆心理很重,自尊心也越来越强。很多父母误以为孩子拖延是为了偷懒,其实不然,孩子拖延的心理成因很复杂,表现也各不相同。父母要想帮助孩子戒掉拖延,首先要深入了解孩子的心理状态,找到导致拖延的症结所在,也要加大力度了解孩子拖延的表现。这样才能帮助孩子解开心里的疙瘩,引导孩子戒掉拖延。

潜意识害怕失败，导致行动懈怠

　　明天乐乐就要参加创客大赛了，晚上，妈妈在回姥姥姥爷家之前，就对乐乐千叮咛万嘱咐，让乐乐明天早晨一定要按时起床，千万别迟到。妈妈终究对爸爸和乐乐在家不太放心，又刻意叮嘱让爸爸早点儿起床为乐乐准备早餐，这样的话如果乐乐起晚了，还可以及时喊乐乐起床。即便妈妈如此周到地安排了，可次日清晨，爸爸却呼呼大睡，乐乐也呼呼大睡，直到妈妈的电话打过来，爸爸才突然从睡梦中惊醒，急急忙忙去喊乐乐。

　　乐乐平日里很喜欢玩电子游戏，也喜欢捣鼓电子器械。原本他对于参加创客大赛很期待，让爸爸感到惊讶的是，乐乐起床之后依然昏昏欲睡，动作迟缓。爸爸忍不住催促乐乐，让他加快动作，但乐乐依旧慢吞吞的，行动如同蜗牛，怎么也快不起来。爸爸终于忍不住发火："你还想不想参加比赛？"乐乐看着爸爸突然摇摇头："不想，我不想参加比赛了。"爸爸简直无语，原本他是想用这句话激励乐乐的，没想到却点了炮，搞得乐乐倒一直说自己不想参加比赛。无奈之下，爸爸只好给乐乐下了命令："你不想参加比赛也晚了，现在是箭在弦上，不得不发，你不能在这时反悔，老师还等着你呢！"就这样，爸爸"押解"着乐乐奔赴学校，乐乐满脸愁容，忐忑不安。

　　老师看到乐乐的模样，一下子就猜中了乐乐的心思："乐乐，放松一些，不过是参加一场机器人大赛嘛，胜负输赢都没关系，最重要的是你们要全力以赴。老师更看重的是过程，也希望你们从中积累经验，得到成长，其他的都没关系。"听到老师的话，乐乐明显如释重负，脸上渐渐地由阴转多云。在6个小时的比赛中，比赛才过半，乐乐就兴奋起来，思维明显加快了，手头上的动作也越来越流畅。比赛结束，虽然乐乐小组因为失误没有取得好成绩，但是乐乐却在期待下一场比赛的到来。

乐乐为何会从期待参加创客比赛，到比赛当天早晨居然睡过了，起床之后还是磨磨蹭蹭不愿意抓紧时间去学校参加比赛呢？粗心的爸爸不知道乐乐的心理原因，老师却很清楚，乐乐是因为害怕面对失败，所以才会故意拖延。其实，每一场比赛都会有胜负输赢，这也就注定了不可能每一个参赛者都是最后的成功者，而是有很大的可能成为失败者。当然，乐乐的害怕是存在于潜意识之中的，所以他并不知道自己为何要无故拖延。作为父母，要更认真细致地观察孩子，这样才能走入孩子的内心深处，找到孩子行为背后隐藏的潜意识。

青少年的内心敏感而又脆弱，他们渴望参加比赛获得成功，同时又害怕在比赛中因为不可预见的原因遭遇失败。毫无疑问，每个人都是趋利避害的，青少年也是如此。面对青少年的这种心态，以及由此引起的拖延表现，父母切勿不分青红皂白地催促孩子，更不要指责孩子，而是要帮助孩子减轻心理上的压力，鼓励孩子放松心情，表现出自己的最好水平。

当发现孩子因为害怕失败而故意拖延时，父母要做到以下几点。

首先，要给孩子输入正确对待输赢的思想，剔除孩子潜意识中对失败的恐惧。有些父母把胜负输赢看得很重，在教育孩子的过程中，心态太过功利，无形中就会给孩子带来负面影响，也会影响孩子深层次的潜意识心理。正确的做法应该是，积极引导孩子对参与过程中的总结学习和反思，而不要过于执着于结果，毕竟，很多事情并非天时地利人和就一定能获得成功。

其次，要多多鼓励孩子，给予孩子支持，而不要总是批评和否定孩子。孩子通常是缺乏自信心的，哪怕渴望成功，有时也不敢勇敢地向着成功迈出第一步。在成长的过程中，大多数孩子都很看重父母的评价，所以要想帮助孩子树立自信，父母一定要慷慨地鼓励孩子，让孩子的心态更加积极，也更加坚强。

再次，告诉孩子，恐惧本身才是最让人恐惧的。对于引起恐惧的各种原因，只要能够鼓起勇气正面去面对，就可以战胜。为了帮助孩子减轻恐惧，父母要尽量避免把自家的孩子与别人家的孩子比较，也要为孩子确定合适的目标，寻找合适的参考对象，这样才能让孩子把压力转化为动力，把恐惧转化为勇气。

最后，有意识地缩短孩子想象的时间。对于想做而还没有开始做的事情，孩子犹豫不决的时间越长，就越是会发挥想象力，设想各种糟糕的后果和尴尬的场景。如果父母能够缩短孩子想象的时间，激励孩子尽快采取实际行动，或者限定孩子犹豫不决的时间，那么孩子就没有那么多时间去胡思乱想，自然就不会让各种糟糕的后果纷纷从潜意识中冒出来。

总而言之，孩子拖延未必是因为懒惰，也很有可能是因为畏惧失败，或者因为花费了太多的时间用于想象。毫无疑问，不管是把事情想象得太过简单，还是太难，孩子都会因为恐惧而缩手缩脚，停留在原地。既然如此，何不赋予孩子勇敢向前、无所畏惧的勇气呢？父母一定要更加关注孩子的潜意识，因为潜意识总是在无形之中发挥力量，所以就会在不知不觉间影响孩子。正所谓不识庐山真面目，只缘身在此山中。当父母帮助孩子认清自身的潜意识，孩子就能尽量消除潜意识的消极影响，从而更加积极主动，表现得更好。

过于追求完美，陷入拖延深渊

老师规定的交作业时间就要到了，但是佳琪依然愁眉苦脸地坐在座位上，小组中的其他成员正簇拥在她的身边，七嘴八舌地催促她："佳琪，你能不能加快速度？""佳琪，你难道眼睁睁地看着我们不能完成任务吗？""佳琪，随便写写就好，500字对于你来说，没有那么困难吧？"佳琪抬起头看着小组成员们，依然眉头紧蹙，死死地抓着手中的草稿不愿意放松。

原来，佳琪和小组成员合作完成了一个社会调研活动，现在，就差佳琪的调研报告完成，就可以向老师交差了。其他组的同学们早早地就交上了作业，唯独佳琪所在的小组，虽然前期完成调研活动很积极、很顺利，但是到了佳琪这里却卡壳了。佳琪是班级里公认的大才女，她很擅长写作，所以小组成员一致同意让佳琪完成调研报告。但是，他们却忽略了一点，佳琪是个极端完美主义者，平日里写作业，她都要再三检查，不允许自己的作业本上出现任何错误，更何况现在要代表全组成员完成调研报告呢？一开始，佳琪有充足的时间完成调研报告——整整一个星期，但是她每天晚上写报告时，总是会发现各种问题，因而就写了撕，撕了写，转眼之间，一个星期过去了，上交调研报告的最后期限近在眼前，但佳琪还是没有完成。难怪全体成员都围绕在佳琪身边，他们可不想看着全组的劳动成果都打了水漂，而且完不成任务还会被老师批评呢！

彷徨间，一个组员趁佳琪不注意，从佳琪手中夺过调研报告，看完之后如释重负："佳琪，就交这份调研报告，相信我，它比其他组的调研报告好太多了。"佳琪摇摇头："这份调研报告不完美！"又一个组员说："佳琪，就算它不完美，也比没有强。我们必须交一份调研报告给老师，否则就功亏一篑啦！"佳琪还是摇摇头："既然不完美，我宁愿不要交上去！"还有一个组员无奈地指责佳琪："佳琪，你为了所谓的完美，牺牲掉全组成员的努力，这对我们是不公平的。"最终，佳琪找到老师，又延迟了一个晚上，写了好几遍，才终于写出了让自己相对满意的调研报告，交给了老师。

显而易见，佳琪绝不是一个懒惰的孩子，更不是一个投机取巧的孩子。她之所以在全组成员早早地完成调研活动之后，迟迟没有完成调研报告，恰恰是因为她太过认真，太过追求完美，也太过较真儿了。

在这个世界上，并没有绝对的完美，所以当一个人对于绝对完美太过偏执的时候，就会情不自禁地进入误区。每当看到自己的表现有任何小小的瑕疵，他就会全盘推翻自己，也会给予自己更多的压力。结果，在重重重压之下，下一次的表现非但没有比上一次更好，还有可能更糟。又因为无限度的拖延耽误了时间，很有可能会错过做事情最好的时机，把自己逼入更加尴尬和绝望的境地。

要想避免这种情况的发生，父母切勿总是对孩子提出过高的要求，以免孩子在潜移默化中越来越追求完美。对于很多事情，我们要先追求完整，其次才是细节的完美。举例而言，在考试过程中，如果孩子过于追求完美，想要保证自己做过的每一道题目都是正确的，而且书写工整干净，没有涂抹痕迹，那么考试答卷就会变成书法秀，他也会因为反复检查浪费时间。众所周知，考试时间是有限的，对于一张试卷来说，哪怕前半部分做得再完美，如果后半部分没有时间做，呈现出空白，那么这次考试根本不可能取得好成绩。真正聪明的孩子，会先高效率地完成试卷，在此基础上，再有重点地检查试卷。完成试卷的策略应该是，认真细心，保证基础题一次性做对，在有时间的情况下，重点攻克难题。这样一份完整的答卷，远远比只完成一半的试卷更成功，也会取得更好的成绩。

　　也有些孩子除了追求现实的完美，还苛求自己处于最佳状态。然而俗话说，天不遂人愿。很多时候，孩子们为了完成一些事情费尽心力，却忽略了人算不如天算。虽然我们为完成某件事情做足了准备，甚至实现了天时地利人和，但自己却在关键时刻掉链子，不能以最好的状态投入其中。为此，孩子们感到很沮丧，也很失落，似乎自己已经成为通往成功道路上最大的障碍，也成为美好前景的最大败笔。这样的想法要不得，因为一切事情都要靠着人去做，都要靠着人力完成。人，是最重要的因素，父母要告诉孩子们，根本不存在最佳状态，需要当即展开实际行动的时候，我们只要心无旁骛、全力以赴地投入，就已经处于最佳状态。如果为了等待绝对意义上的最佳状态而浪费时间，孩子们就会陷入拖延的旋涡中，也会因此产生挫败感，反而不利于完成各种事情。

　　家长需要让因喜欢追求完美而拖延的孩子知道，我们有时不但要放弃追求对于客观外部世界的完美，也要放弃追求自身状态的完美。世界从来不完美，物、事、人都是如此，概莫能外。别说是孩子，就算是成人也会犯错误，也会有各种疏漏，那么孩子就更应该宽容地对待自己，真正做到接纳自己，悦纳自己，让不完美以最好的状态呈现出来。

看不到价值意义，从而没有行动力

最近这段时间，妈妈发现君昊常常把"意义"挂在嘴边，不管妈妈让他做什么事情，他首先问妈妈"这件事情有什么意义"。有的时候，对于应该做的事情，他也会因为觉得毫无意义，而兴致索然地把重要的事情打入冷宫，不愿意再提起，更不愿意努力去做好。就因为看不到做事情的价值，也不知道自身行为的意义，君昊非常迷惘，把很多事情都耽误了，例如考试前不愿意复习，考级前不愿意冲刺，即使到了重要的节日，要去看望长辈，他也丝毫提不起兴致。妈妈很着急，觉得这样的死气沉沉、了无兴趣，根本不是一个孩子该有的状态。

在一个周日，妈妈让君昊陪她一起去超市大采购，君昊听若未闻地继续坐在书桌前发呆，似乎妈妈说的事情与他没有关系。妈妈忍不住催促君昊，君昊却说："去超市就是浪费时间，浪费生命，没有意义。"妈妈生气了："意义，意义，意义！你整天把意义挂在嘴边，倒是告诉我什么是意义啊！你说说，做什么事情才有意义？"君昊陷入沉思，说："学习虽然有意义，但是很累很苦；吃喝拉撒虽然没有意义，但却是维持生存必须做的。我也不知道人生的意义在哪里，对于很多事情，我就是提不起兴趣去做。"

妈妈知道，这个少年正在为思考人生的意义而苦恼，因而降低声调，语重心长地对君昊说："君昊，在平常的日子里，没有那么多的机会给人当救世主,去做惊天动地的大事情,反而是那些日常生活的琐事,如果能做好,就有意义。你看,每个周日妈妈都要去超市大采购,买够一个星期的消耗品。我如果觉得这件事情没有意义,我不去做,那么全家人在这个星期里用什么、吃什么呢?虽然妈妈也很累,也想趁着周日好好休息,但是一想到全家人都要吃喝拉撒,我对于这样的琐事就充满了动力,很愿意努力去做好。我们不但是为自己活着,也是为身边的人活着。我们不但要接受他人的照顾,也要尽力照顾好他人,这就是意义。你总是说这也没有意义,那也没有意义,不管让你做什么,你都借口没意义而拖延,难道你能不吃饭吗?活着,就是人生最大的意义,要想活着,就要做好生命中各种琐碎的小事情。"

听了妈妈的话,君昊陷入了沉思。片刻之后,他对妈妈说:"妈妈,咱们一起去超市吧。虽然我还没有想明白去超市有多么深刻的意义,但是我知道我晚上必须吃饭。"妈妈欣慰地笑起来,带着君昊一起去了超市。

青少年正处于人生中的懵懂时期,情绪变化很快,情绪落差很大,也许前一刻还在兴高采烈,后一刻就马上兴致索然了。有的时候,他们对于某些事情或者人,还会感到特别厌倦,在这种情况下,他们就不愿意面对现实生活,更不愿意真正展开行动切实去做好该做的事情。究其原因,是因为青少年陷入了人生的空虚状态,既没有寻找到人生的意义,也不知道如何才能实现自身的价值。其实,不仅青少年如此,很多成人也会如此。面对自己不愿意做但是必须去做的事情,人们情不自禁地深寻意义,也在不知不觉间以没有意义为借口替自己开脱。

要想摆脱这种觉得什么都没有意义,而且也拖延着不愿意去做的状态,我们就要解开自己的心结,驱散心中的阴云,让乌云遮蔽的心情变得阳光起来。人生中,每一个阶段的经历都是不可多得的财富,每一件事情都是有意义的。应该怎么做才能找到真正有意义的事情呢?

首先，积极正向，寻找意义。当孩子对一件事情非常反感，心怀抵触的时候，不妨引导孩子从积极的角度进行正向思考，寻找到做这些事情的意义。虽然每件事情的意义不同，有的事情具有深刻的意义，有的事情只是日常的琐事，但是它们都是人生中不可或缺的。有些时候，孩子会被触发不愉快的经验，也会因此而排斥眼下的事情，那么就要引导孩子换一个角度看待问题，毕竟逃避从来不是解决问题的最好方法。

最简单易行的方法，是准备一张纸，把一件事情的意义全部写在纸上，一一罗列出来。在孩子脑力激荡的过程中，父母切勿对孩子指手画脚，也不要干扰孩子的思路。要知道，父母的意义不是孩子的意义，只有孩子主动自发地寻找到的意义，才能成为孩子做事情的动力。

其次，找到快乐，就是人生最大的意义。孩子的天性是爱玩，爱自由，爱快乐。很多时候孩子排斥做一件事情的原因远远不像父母所想的那么复杂，只是因为他们觉得这件事情不能给他们带来快乐。越是年幼的孩子，思维能力还不够强，往往越会把幸福快乐的感受与意义和价值混为一谈。即便进入青春期，因为人生经验的匮乏，孩子们依然不能准确界定快乐与意义。所以，要想激励孩子当机立断去做一些事情，就要让他们发现做事情的乐趣，这比一切冠冕堂皇的大道理都能打动孩子的心，让孩子当即从"饿货"状态变得活力充沛。

最后，要让孩子找到属于自己的意义和价值。父母灌输给孩子的意义和价值，并不能真正起到激励孩子的作用，只有让孩子自己找到一件事情对于他们的意义或者价值，他们才能始终拥有动力，主动积极地去做好事情。要告诉孩子，对于可以改变的一切，我们要努力去改变；对于不能改变的一切，我们则要学会接受和面对。同样的道理，对于那些不得不做的事情，孩子们要学会赋予它们意义，这样也就给了自己坚持做好事情的理由。人们常说，心若改变，世界也随之改变。那么，青少年为何不从看待任何事情都没有意义的状态中摆脱出来，用发现的眼睛，用深刻的心灵，赋予很多事情以意义呢？

　　对于该做的事情，如果始终拖延着不愿意去做，那么就会给自己带来沉重的心理负担。人们常说，日有所思，夜有所梦，正是这个道理。很多时候，逃避根本不能解决问题，与其用拖延的方式让一切进展缓慢，还不如当机立断做好该做的事情，让内心变得轻松。有些事情也许在开始之前看似毫无意义，一旦开始沉浸其中推动事情向前发展，说不定就会带来意外的惊喜。所谓意义和价值，绝不是在空想之中实现的，而是要在实实在在的行动中体现出来的，也是在真正的结果中才能得以升华的。孩子们要想戒掉拖延，既要始终坚持正向思考，也要拥有行动的动力，更要坚持展开行动。

消极自我暗示，限制了行动激情

近来，妈妈发现君昊把"我不行""做不到""没希望""没戏"等消极的字眼当成了口头禅，每天都挂在嘴边。例如，班主任老师在家长群里发布消息，希望同学们能够踊跃参加英语演讲比赛。妈妈刚刚把这个消息告诉君昊，君昊就毫不迟疑地说："我英语不好！"妈妈激励君昊："这是英语演讲比赛，又不是英语考试，和英语成绩没关系，重要的是要有兴趣，有勇气，敢于当众用英语演讲，那就是最大的成功。"君昊看着妈妈期待的眼神，嗫嚅着说："好吧，我考虑考虑！"

报名的时间只有三天。转眼，已经过去两天了，君昊还没有对妈妈明确表态。第三天早晨，君昊正在吃早饭，妈妈忍不住问君昊："君昊，英语演讲比赛，你到底参加不参加？"君昊说："我觉得我肯定不行，我读英语都读得不顺溜，更别说演讲了！"妈妈有些失望，耐心地劝说君昊："君昊，一个人不管做什么事情，如果从一开始就认定自己不行，那么就肯定不行。信心是成功必不可少的重要因素，你要相信自己，要有信心。"

君昊看着妈妈："我有信心又如何呢？能力不足啊！"妈妈笑起来："信心可以弥补能力不足。一个人若是很自卑，什么事情都不敢做，渐渐地就会故步自封，越来越怀疑自己；反之，一个人若是很自卑，但对于任何新鲜事物都想去尝试，对于任何有难度的事情都想去挑战，那么哪怕他失败了，也能积累经验，为将来获得成功奠定基础。明白了吗？妈妈不是想让你得奖，而是希望你有勇气挑战自己。"在妈妈耐心的劝说和慷慨的鼓励下，君昊渐渐地改变了主意："要不然，我试试？"妈妈高兴地点点头："我相信，你是最棒的！"后来，君昊参加了英语演讲，虽然没有得到奖项，但却找到了信心。他对妈妈说："妈妈，其实也没有那么可怕，只要不紧张，我还是可以完成演讲的。下次再有这样的机会，我一定毫不迟疑地报名参加！"

君昊因为总是进行消极的自我暗示，渐渐地觉得自己不管做什么事情都不行，内心变得越来越胆怯和畏缩，失去了行动的激情。幸好妈妈在君昊故意拖延的行为背后，找到了隐藏的深层次心理成因，所以她非但没有批评君昊胆小，反而热情地鼓励君昊一定要相信自己，建立自信。君昊在初次尝到自信的甜美滋味后，在学习中的表现越来越好，相信随着自信心的增强，他一定能养成进行积极的自我暗示的好习惯，从而拥有行动激情，激励自己面对艰难坎坷依然不遗余力地努力。相信在这样的状态下，君昊在成长的道路上一定能够走得更快更好，也能勇敢地攀登人生更高的巅峰。

负面暗示具有很强的消极作用，会打击孩子们的信心，消除孩子的行动激情。尤其是对于青春期的孩子而言，他们内心敏感，感情细腻，自尊心很强，看似很坚强，实际上却很脆弱。当发现孩子对自己的评价过低时，或者发现孩子总是否定自己时，父母一定要及时引导孩子回归到积极的自我暗示的道路上来，这样孩子才能更有信心，也更愿意在有了好的想法之后，当机立断付诸行动。

要想帮助孩子获得行动激情，鼓励孩子当即展开行动，父母要避免一个误区，即大多数父母习惯于否定和批评孩子，总是告诉孩子这也不能做，那也不能做，渐渐地孩子就会缩手缩脚，什么事情都不敢做，做什么又都害怕做不好。父母与孩子消极的沟通方式，是导致孩子缺乏自信的重要原因。明智的父母会以积极的方式和孩子沟通，例如更加关注孩子失败的原因，找到孩子做事情无法开始行动的阻碍，从而有的放矢地帮助孩子解决问题。逃避，只会导致事情变得更难以解决，只有及时地找出解决问题的方法，孩子才能认识到自身的力量，也才能满怀信心地继续投入行动，从而在行动中收获多多。

很多孩子自己也很厌恶拖延，对于自己始终不能展开行动，他们也深感苦恼。然而，他们的内部驱动力有限，明知道自己应该改变，却常常感到无力。在这种情况下，父母要给予孩子强大的助力，推动孩子展开行动立刻去做，而且最重要的就在于帮助孩子树立自信，保持行动激情。此外，父母还要身为示范，以亲身实践教会孩子：做，永远比说更好；做，哪怕失败了，也会有进步。

缺乏清晰的思路，导致无从下手

周末，语文老师布置了一篇作文作为家庭作业。一直以来，君昊最害怕写作文，面对空白的作文本，他常常觉得自己无从下手，总是语竭词穷。这不，虽然他从周五晚上就开始构思作文，周六晚上也对着作文本挤牙膏，但是拖延到周日晚上，他的作文本还是一片空白，连一个字都没有呢！

妈妈看到君昊急得抓耳挠腮，不由得为君昊着急，对君昊说："君昊，难道你想交白卷吗？平日里，我觉得你小嘴巴挺会说的呀，写作文就是要把想说的话写出来，你怎么就无话可写了呢？这可不像你！"听到妈妈说风凉话，君昊生气地瞪了妈妈一眼，含着眼泪说："你觉得这么说很过瘾吗？我作文不好，都是因为你没有文学才华！"妈妈被君昊噎得直翻白眼，正想和君昊理论呢，爸爸正好走过来，对君昊说："君昊，不要想着你已经想了两天也没想出写什么。你想想，每次考试你都能写出作文，而且考试的时间可是限定的，很短，而现在虽然已经到了周日晚上，但时间总比考试宽松吧，你肯定能写出作文。"

听了爸爸的话，君昊眼前一亮："是啊，考试总共也就两个小时，现在我还有三四个小时完成作文呢，完全来得及。"爸爸点点头，说："是啊，不要着急，按照老师给你们讲的写作思路来，先审题，再构思框架，然后填充血肉，写好开头结尾，作文就具备雏形了。"在爸爸的引导和启发下，君昊的焦虑心情得到缓解，他厘清思路，很快就完成了作文。爸爸看了君昊的作文，写得还不错呢！

妈妈很清楚，作文向来是君昊的短板，看到君昊对着作文本抓耳挠腮的样子，她还是忍不住说起了怪话，这伤害了君昊的自尊心，君昊的眼泪马上流出来了。爸爸的做法和妈妈截然相反，他安慰君昊时间还很充裕，又引导君昊按照老师讲的思路一步一个脚印地构思作文，最终，君昊在爸爸的鼓励下很好地完成了作文。很多孩子之所以面对艰巨的任务无从下手，就是因为他们没有清晰的思路来解决问题。当发现孩子处于这样的困境中，父母一定不要催促孩子，而是要耐心地引导孩子，也要给予孩子更多的时间主动思考。孩子的思维力并不能在很短的时间内就达到很高的水平，培养和提升孩子的思维力，需要漫长的时间循序渐进地完成。

在青春期，孩子的自尊心是很强的，很多父母之所以和孩子发生矛盾，就是因为没有意识到孩子的自尊心很强，也没有意识到孩子需要父母的尊重和支持。对于习惯拖延的孩子而言，如果他们是因为不得已才拖延，父母切勿对他们冷嘲热讽，而是要意识到孩子此刻正需要得到帮助，从而教会孩子肩负起自己的责任，对自己的分内之事负责。

日常生活中，要想帮助孩子远离拖延，父母就要多多陪伴孩子，在陪伴的过程中潜移默化地影响孩子，把孩子带入正确的思维轨迹中。在成长的过程中，孩子难免会遇到各种各样的困难，也会遭遇形形色色的阻碍。在这个世界上，孩子的成长都不是一帆风顺的，更不可能完全达到父母期望中的满意值。对于父母来说，要想成为合格称职的父母，就要学会接受孩子的普通和平凡。尤其是在孩子表现得不能让父母满意时，父母与其抱怨和指责孩子，把孩子的自信心与自尊心都打击得体无完肤，让孩子像泄了气的皮球一样一蹶不振，不如想方设法给孩子打气，让孩子开动脑筋，积极地想办法解决问题，也勇敢地承担起拖延的后果，马上开始做自己该做的事情。在做的过程中，孩子一定会重拾信心，思路更清晰，对事情的解决和处理也更加圆满。究竟应如何帮助孩子远离拖延呢？

首先，不要责骂孩子，否则会让孩子非常慌乱，思路不清。孩子对父母很信任，在他们还没有能力客观认知和评价自己的时候，往往会采取拿来主义，把父母对他们的评价作为自我评价。可想而知，如果父母给孩子贴上负面标签，孩子就会信心全无，破罐子破摔，还谈何思路呢？反之，如果父母能够相信孩子，也积极地鼓励孩子，那么孩子就能走出消极的阴影，从容不迫地进行思考，最终看到曙光。

其次，避免对孩子说敏感字眼，更不要激怒孩子。不同的孩子，脾气秉性不同，有的神经细腻敏感，有的性格粗放大条，所以他们的敏感字眼也是不同的。举例而言，同样一个字眼，有的孩子听了会有强烈的反应，有的孩子听了则会不以为然，也有的孩子觉得无所谓。即使对于同一个孩子，在不同的情绪状态下，对于相同的字眼也会有敏感与不敏感的区别。作为父母，有义务观察孩子对于哪些字眼更敏感，从而在与孩子说话的时候，有意识地避免使用敏感字眼，这样才能避免激怒孩子。正如一位名人所说，愤怒使人的智商瞬间降低，父母要想让孩子保持高智商，就要对孩子言语宽和，避免激怒孩子。

当然，如果孩子总是怀着一颗玻璃心，那也是不行的。如果父母确定自己所说的话没有那么敏感，那么也可以和孩子开诚布公地谈一谈，告诉孩子生活会有不尽如人意的时候。尤其是当孩子拖延的时候，父母切勿催促孩子，以免成为导火索，把原本很友好的亲子关系激化得剑拔弩张。

最后，让孩子接受拖延的事实，承担拖延的后果。青春期的孩子情绪变化很复杂，自我意识快速发展和成熟，对于父母告诉他们的显而易见的道理，他们并不愿意完全接纳，甚至还会故意与父母唱反调。在帮助孩子戒掉拖延的坏习惯时，如果父母总是居高临下地命令孩子，则孩子很容易产生逆反心理，从而导致亲子关系紧张，使得亲子沟通无法进行下去。最有效的改变，是孩子心甘情愿进行改变，而要想让孩子心甘情愿，父母的指责和批判毫无用处。只有让孩子接受拖延的事实，面对拖延的后果，承担拖延的责任，孩子才会切身感受到拖延的负面作用。此时父母也许无须再多费唇舌，孩子就能在深刻思考之后自主改变。孩子甚至还有可能主动寻求父母的帮助，这个时候，父母可以在把握分寸的原则下，适度帮助和引导孩子，帮助孩子厘清思路，尽快戒掉拖延的坏习惯。

自我舒服迁就，导致麻木拖延

随着天气越来越冷，乐乐早晨起床越发困难。记得刚刚开学的时候，因为对初中生活感到新奇，乐乐每天早晨6点钟就准时起床，之后如厕、洗漱、吃饭，6点40分就能准时从家里出发，去往学校。转眼之间，几个月过去，日子从短暂的秋天，直奔寒冬而来。可越是临近期末考试复习紧张的时候，乐乐早晨起床反而变得越发困难。

这个星期，妈妈已经两次喊乐乐起床了，而今天才星期三呢！也就是说，在三天的时间里，乐乐只有一天是自己按时起床的，其他时间都赖在梦乡里不愿意醒来，需要妈妈喊好几次才能起床。如何才能帮助乐乐主动起床呢？妈妈试了很多办法，都不奏效。她也纳闷，乐乐原本能坚持自己起床，为何突然之间就变得懒惰了呢？

一个偶然的机会，妈妈拿起乐乐起床定闹铃的手机看，这才找到了问题的症结。妈妈看到，乐乐起床的闹铃有三个，分别是5点半、5点40和6点整。妈妈不由得感到好笑："乐乐，你为何定三个闹铃？"乐乐说："我怕自己起不来，所以要提前半个小时有个心理准备。"妈妈说："你以前定几个闹铃？"乐乐竖起一根手指，回答："一个。"妈妈又问："那么，你觉得是你以前起床痛快，还是现在起床痛快呢？"乐乐想了想，回答："以前天气不冷，亮得也早，所以以前起床比较容易。现在天气冷，早晨天还黑蒙蒙的，我就不想起床，会继续睡得很香。"妈妈摇摇头，笑着对乐乐说："以前你听到闹钟什么反应？"乐乐说："当然是先坐起来，我怕不小心又睡着了。"妈妈继续问："那么现在呢，你听到闹铃什么反应？"乐乐说："听到第一个闹铃响，我想，我还可以再睡10分钟。听到第二个闹铃响，我想，我还可以睡20分钟。第三个闹铃响，我常常听不到。"妈妈说："回笼觉很香，所以到第三个闹铃你就睡深了。我告诉你，你现在起床困难根本不是因为天气冷或者黑，而是因为你定了三个闹铃。如果你很清楚自己只有一个闹铃，一旦错过就会迟到，那么你就不敢在闹铃响了之后再睡着。是三个闹铃勾起了你的拖延心，让你听到闹铃响后压根不想起床。你觉得呢？"妈妈分析得鞭辟入里，乐乐忍不住点点头。在妈妈的建议下，乐乐又把闹铃恢复成6点钟整点闹铃。果不其然，他起床拖延的情况大大好转。

在寒冷的冬日里，每个人都眷恋温暖的被窝，这完全符合人趋利避害的本能。人的本性就是贪图享乐，而不愿意忍受痛苦。事例中，乐乐之所以不愿意起床，就是因为冬天被窝外面实在太冷了。但是从理智上，乐乐很清楚地知道自己应该按时起床，所以他为自己定了闹铃。然而，他定一个闹铃起床很顺利，定三个闹铃反而起床困难，正如妈妈所说，是因为三保险的闹铃勾起了乐乐的拖延心。他知道自己即使睡着了，也还是有闹铃会把自己喊醒，所以就放心大胆地睡觉，到最后连第三个闹铃都错过了。还记得项羽"破釜沉舟"的故事吗？要想戒掉拖延心，我们也要拥有破釜沉舟的勇气，把自己从安逸的舒适区逼出来，还要把自己逼上一片危崖。

近些年来，"拖延"成为社会上的热词，有人觉得拖延是一种坏习惯，有人却觉得拖延不是什么不可原谅的致命错误，因而对拖延采取嬉皮笑脸的态度，甚至自称拖延癌晚期患者。平日里，人们都谈癌色变，现在却自称拖延癌晚期患者，只能说明他们对于拖延的危害并没有深刻的认知，对于拖延造成的严重后果，也没有明智的预期。

不管是在生活中还是在工作中，拖延给人带来的麻烦很多，有的甚至还会酿成严重的恶果。所以我们切勿对拖延不以为然，而是要从现在开始努力戒掉拖延，把一颗蠢蠢欲动的拖延心打压在糟糕的结果发生之前。

青春期孩子因为自控能力差，自我管理能力不够强，所以更容易为了舒服就无限度的自我迁就，因而于无形中犯下拖延的错误，慢慢形成拖延的坏习惯。父母对于孩子的拖延症常常歇斯底里，却又无计可施，为此网络上出现了很多关于孩子完成作业的段子，有的父母被孩子气得进了医院，有的家里一到孩子写作业的时候就鸡飞狗跳，就连楼上楼下都不得安宁。很多父母无数次想：要是孩子不拖延，总能主动完成作业，那该多么好啊！的确，不拖延的孩子会让父母大大省心，但是不拖延的孩子并非天生的。从本能的角度来说，每个人都有一颗蠢蠢欲动的拖延心，这是因为人人都受到趋利避害的本能驱使。拖延，是顺应人偷懒的本性的，而不拖延，马上去做该做的事情，则会让人付出很多，感到疲惫，也会让人内心很焦虑。正是因为如此，每个生命天生就会拖延，要想养成干脆利落做事情的好习惯，就要靠着后天坚持努力，才能做到。父母要告诉孩子一个道理，甘蔗没有两头甜，人生也是如此。如果孩子现在不吃苦，不努力，将来就会吃大苦头。如果孩子能够坚持吃苦在前，享乐在后，那么现在努力拼搏，将来就能有好日子过。当孩子明白了苦与乐的逻辑关系，也许就会主动战胜拖延的劣性，变得积极主动起来。

趋利避害的选择，导致因畏难而拖延

小刚12岁，正在读小学六年级，似乎在一夜之间就褪去了奶声奶气，变成了少年。看着日渐懂事的小刚，妈妈既感到欣慰，又感到发愁，原来，随着年纪的不断增长，小刚虽然在很多方面都有了进步，但是拖延的问题依然如故。

六年级毕业后，再开学，小刚就要投入紧张的初中学习和生活中。在小刚的再三请求下，妈妈答应小刚可以去农村的爷爷奶奶家里生活一个月，既可以陪伴爷爷奶奶，又可以感受农村的艰苦生活，还可以放松心情，准备迎接初中生活的到来。就这样，才刚开始放暑假，爸爸妈妈就把小刚送回了爷爷奶奶家。

原本，妈妈和小刚约定可以在爷爷奶奶家里生活一个月，没想到，一个月的时间过去了，小刚虽然在电话里答应妈妈尽快回家，却又把回家的日期延长了三五天，甚至后来一两个星期都过去了，小刚依然没有回家。眼看着还有20天就要开学了，妈妈每天都打电话催促小刚，又让爷爷买了车票后把小刚"押解"到车上。爷爷心疼孙子，对妈妈耐心解释："孩子说回去之后一个人待在家里很无聊，想等到开学再回去，行不行？"妈妈连声拒绝："不行，不行，这可不行！初中的学习和小学截然不同，他要回来收收心，在家里做暑假作业，也调整作息规律，开学之后才能尽快适应初中生活。"爷爷答应妈妈劝说小刚早日回家，但是小刚就是不愿意。眼看着还有十天就开学，妈妈只好亲自回到老家接小刚。

孩子大概在12岁进入青春初期，虽然说起来已经是青少年，但实际上更加倾向于少年，依然很贪玩，不想学习，不想被束缚。这是孩子趋利避害的本能在发挥作用，父母应该理解孩子在本能驱使下做出的选择。其实，不仅仅是孩子，就算是成人，也会在潜意识的驱使下避开对自己不利的事情，而更愿意做对自己有利的事情。更何况孩子本来就玩心重，更喜欢玩耍的快乐时光，才不想被束缚在书桌前埋头苦读呢！事例中，小刚小学毕业，还没有进入初中开始学习，所以这个暑假是比较轻松的，既没有补习班，也没有繁重的作业需要完成。再加上在爷爷奶奶面前享有更多的自由，见识到农村新鲜的生活，他就更不想回到爸爸妈妈身边，独自留在家里度过剩下的暑假时光了。所以他才会不断地推迟回家的时间，哪怕爷爷从中斡旋也没用，直到妈妈亲自赶回老家"押解"他回家，他才心不甘情不愿地和妈妈一起回家。

和理性的成人相比，孩子更加情绪化，更加受到本能的驱使，因其自我管理和自我控制能力相对薄弱。这也是有些孩子不愿意迅速完成作业的原因，他们更想把美好的晚上用来做喜欢的事情，而不愿意强迫自己必须完成作业。和孩子一样，成人又何尝想完成堆积如山的工作呢？人人都想实现财务自由和人身自由，从而可以随心所欲做各种事情。孩子的天性就是崇尚自由，就是喜欢玩耍，就是追求快乐。只有那些自控力比较强的孩子，才能在每天晚上自觉主动地完成老师布置的作业。

也许有些父母会感到困惑，在本能的驱使下，孩子为何会拖延，而不是反抗呢？父母要知道，对于孩子来说，不管是老师还是父母，力量都比他们更强。也就是说，如果老师或者父母强迫他们必须做某件事情，他们根本没有能力通过正当的反抗或者辩解来保护自己，因此，他们作为弱小者，理所当然地选择了以拖延的方式来逃避，尽量延长快乐的时间，而尽量延迟痛苦的到来。

孩子的趋利避害，还表现在他们更愿意做与自身能力相符、更容易成功的事情，而不愿意做那些超出自身能力很多、很有可能失败的事情。父母在为孩子制定目标的时候，切勿好高骛远，给孩子太大的压力，而是要考虑到孩子的能力水平和心理承受能力，这样才能合理地促使孩子取得进步，激励孩子努力向上。

尤其需要记住的是，父母的强制要求无法让孩子从拖延变得雷厉风行。亲子教育必须建立在良好的沟通基础上，明智的父母不会总是以父母的权威压制孩子，而是能够发自内心地尊重和真正平等地对待孩子。当父母愿意设身处地为孩子着想，孩子自然就会愿意打开心扉接纳父母，也能够怀着更加理性的态度思考父母的建议。当孩子面临不止一个选择的时候，父母与其代替孩子做出选择，还不如把选择的机会交给孩子。虽然每个父母都希望孩子在人生的道路上少走弯路，但是有一点毋庸置疑，那就是没有任何人可以代替孩子经历人生，包括父母。既然如此，何不让孩子在拖延的道路上撞一撞南墙呢？说不定孩子会顿悟，甚至会主动地戒掉拖延呢！此外，当孩子拥有更大的空间自主选择，拥有更大的自由去飞翔时，他们会快乐地投身于成长之中，而不会再以拖延的方式消极应对生活。

家长过度的安排，导致逆反拖延

自从暑假里被妈妈强行从老家接回家，小刚和妈妈就成了冤家对头，总是和妈妈作对，不管妈妈说什么，他都不愿意听，哪怕明知道妈妈说的是对的，他也依然故我，自行其是。看着小刚这个小冤家，妈妈简直抓狂。

初一开学没多久，妈妈发现初中的作业量比小学多很多，因此特意为小刚制定了科学合理的作息时间表。尤其是对于小刚周末的时间也进行了合理规划和安排，让小刚既有充足的时间学习，又有适当的时间休息，但是小刚根本不买妈妈的账。

周六上午是妈妈规定用来完成学校作业的时间。早晨，妈妈喊了小刚好几次，小刚翻来覆去地睡觉，就是不愿意起床。直到日上三竿，他才起床洗漱吃饭，吃完饭，已经到下午了。下午，原本是妈妈规定小刚完成课外作业的时间，但是小刚的课内作业还没完成呢，妈妈只好让他先完成课内作业。一个下午，小刚都磨磨蹭蹭，直到吃晚饭前，他才完成课内作业。妈妈原本想让小刚把晚上的游戏时间用于完成课外作业，但是小刚歇斯底里坚决不同意，后来索性说自己的课内作业遗漏了一项，必须趁这段时间赶紧补做，然而又磨蹭到晚上10点钟才完成。

看着平日里完成作业还算迅速的小刚变得如此磨蹭，妈妈心生疑惑："作业有那么多吗？从中午做到晚上10点，岂不是七八个小时吗？"妈妈私底下问了问班级里的其他家长，得知孩子们大概4个小时就可以完成作业，不由得火冒三丈。等到了工作日，她发现小刚每天晚上又能按时完成作业了，这终于验证了妈妈的猜测："小刚不是作业多，而是故意拖延，就是为了逃避课外作业。"妈妈把自己的想法当面说给小刚听，小刚这才说出自己的真实想法："学校的作业本来就很多，我不想做课外作业！"

经过一番讨论，妈妈和小刚达成了和解，妈妈减少了课外作业的量，小刚也保证不再拖延，不再故意逃避课外作业。

很多孩子之所以又快又好地完成作业，就是因为他们想在完成作业之后有自由安排的时间，可以进行娱乐和休闲。而父母看到孩子很快就完成了学校里布置的作业，难免会担心孩子作业量太少，无法起到巩固知识和加强练习的效果，所以就会给孩子布置更多的课外作业，让孩子完成。这样的过度安排，挤压孩子每一分每一秒的时间，让孩子失去自由，很容易激发起孩子的逆反心理，导致孩子故意拖延。父母在被孩子气得火冒三丈之余，不妨换位思考一下，作为职员，如果你拼尽全力又快又好地完成工作，老板看到你有了片刻清闲，马上又安排了更多的工作给你，那么你还愿意又快又好地完成工作吗？谁都会偷懒，而且从严格意义上来说，孩子以拖延完成作业的方式逃避额外的作业，并不算纯粹的偷懒，而是逆反心理的表现。

父母要想给孩子安排课外作业作为课内作业的补充，就要先经过孩子的同意，而不要自作聪明地把孩子的每一分钟时间都算计着，逼着孩子争分夺秒地学习。一则孩子不是学习的机器，二则孩子被逼着学习，效果自然不会很好，甚至还会导致事与愿违。父母望子成龙、望女成凤心切，固然可以理解，但是不能过度。

进入青春期，很多孩子都会变得沉默寡言，不愿意与父母沟通，父母就要更加认真细致地观察孩子的言行举止，洞察孩子的内心。特别是当发现孩子有异常的拖延行为时，父母一定要反思自己对待孩子的方式，是否引起了孩子的叛逆。也有一些父母会以诱惑或者威胁的方式逼着孩子就范，例如完成多少课外作业才能看电影，完成多少课外作业才能吃喜欢的零食。其实，这对于孩子来说是不公平的。在学习之余，孩子有权利进行娱乐休闲活动，父母也有义务调节孩子的生活与学习，让孩子劳逸结合，既能花费大部分的时间和精力用于学习，又能适当地休息和放松，保持身心愉悦。很多父母都希望孩子可以独立自主地合理安排时间，那么就更要避开过度安排孩子，而是要给予孩子更大的自由空间，让孩子进行思考，根据自身的情况合理安排。哪怕只是有一次这样的经历，都会让孩子快速成长。让孩子在自控力方面获得很大的进步，自然拖延行为也就会大大好转。

青春期的孩子自尊心很强，特别爱面子，当他们觉得自己理所应当拥有的权利被父母剥夺了，就会对父母予以抗拒，自然对于父母提出的很多观点和意见也会持反对的态度。父母一定要放低姿态，切勿动辄指挥和命令孩子，而是要真正地把孩子当成朋友，与孩子进行坦诚的沟通。有些时候，即使孩子的某些想法不够成熟，甚至会对他们自身造成小小的伤害，父母也不要强求孩子必须按照父母的意愿去做。孩子虽然因着父母才来到这个世界上，但是他们并不是父母的私有物，也不是父母的附属品。他们是独立的生命个体，有自己的思想、情感和为人处世的态度。父母对孩子的尊重，表现在给予孩子发表见解的机会，尊重孩子独立做决定的权利，也会给予孩子更为广阔的空间让其自由成长。在充满爱的家庭里享受民主，孩子的心理发展会更健康，逆反心理会渐渐减弱。

此外，父母还要学会聆听孩子的心声。现实生活中，很多父母忙于工作，每天和孩子相处的时间非常短暂，也有的父母把孩子交给老人抚养，所以根本不了解孩子。往往孩子刚刚开口说出和父母不同的见解，父母就会呵斥孩子闭嘴；往往不等着孩子自己去规划很多事情，父母就已经全权包办了。这样的做法，都会激起孩子的逆反心理，使孩子与父母渐行渐远，也会让孩子在某些时候采取拖延的方式，拒绝执行父母的指令。每一个父母，都有义务让孩子感受到自己是家庭里不可或缺的一员，也要让孩子感受到他们是被父母尊重和重视的。当然，孩子的改变不会在朝夕之间发生，拖延这种顽疾，更是需要父母付出足够的爱与耐心，为孩子营造充满爱与自由的成长环境，让孩子切身感受到父母民主的态度，孩子才会主动地消除叛逆心理，也改掉拖延的坏习惯。

第二章
有的放矢进行选择,全神贯注提升专注力

很多孩子之所以拖延,是因为他们面对复杂的现状,有无从下手、搞不清轻重的感觉,因而就会在不知不觉间分散注意力,在犹豫不决间任由时间悄然流逝,从而造成该做的事情还没有做,该完成的任务迟迟没有完成。因此,要想帮助孩子戒掉拖延,就要有意识地提升孩子的专注力,让孩子面对诸多选择,可以当机立断做出决断,这样才能既节省时间和精力,也提升行动力。

明确设定目标和计划，才能不忘初心

升入初中二年级，作业明显变多，每天晚上，舟舟都要写作业到十一二点。早晨，舟舟6点钟就要起床，因而常常哈欠连天，妈妈看了非常心疼。妈妈常常疑惑："学校里的作业怎么这么多呢？不知道其他孩子是否也要天天写作业到深夜，孩子太累了，也太困了。"妈妈咨询了班级里十几个孩子的家长，得知其他孩子基本上10点半就能完成作业，因而留心观察舟舟，发现舟舟放学回家狼吞虎咽地吃完饭之后虽然马上就坐到书桌前，但是会发呆很久，写作业的速度也比较慢，还常常东看看、西看看，时间不知不觉就过去了。

有一天晚上，舟舟又对着摊开在书桌上的一大堆作业发呆，妈妈忍不住提醒舟舟："舟舟，你到底想先写哪样作业啊？"舟舟迷茫地看着妈妈："我也不知道，语文作业最简单，但是需要写很多字，特别累。数学作业虽然写字少，但是很难。英语呢，单词认识我，我不认识单词。还有很多其他的作业，生物地理，还有它们俩的亲戚物理……"看到舟舟抓耳挠腮，妈妈说："孩子，每项作业不管是简单还是难，都需要完成，所以我们不能为了暂时讨巧，就随意安排写作业的顺序。我觉得，你可以按照先苦后甜或者先甜后苦的原则给作业排序，例如从简单到难，就是先甜后苦，好处是你一开始写作业心情会很好。你还可以从难到简，好处是一开始虽然有些难，但是越写越轻松，能够带着愉悦的心情睡觉。你觉得呢？"

在妈妈的启迪下，舟舟陷入沉思，片刻之后一拍脑门，说："我想先甜后苦，说不定前面做简单的题目，还能帮助我后面做难题进行热身准备呢！"妈妈点点头："当然可以，不管是先甜还是先苦，都没关系，重点在于，你要确定顺序，然后当即开始写作业。晚上的时间很宝贵，早点完成作业，你就可以早点休息，不至于精神那么困倦，第二天上课听讲效果也会更好。"舟舟开心地把作业分门别类地排好顺序，又在妈妈的建议下，把暂时先不用完成的作业收拾整齐，放在书桌的一角。看着眼前仅剩的语文作业，舟舟很快拿起笔开始专注地写起来。

面对堆积如山的作业，别说是孩子了，就算是成人，也会觉得内心沉重，压力山大。曾经有一位作家写作了几百万字的书稿，有人问他是如何做到的，他说："如果在动笔之前我就知道自己要写几百万字，我肯定不敢开始。幸运的是，我从来没有想过自己到底需要完成多少字，就因为愿意写，所以拿起笔开始写。就这样，我写啊写啊，丝毫不觉得累，最终居然完成了几百万字。"写作业何尝不是如此呢？每天晚上，孩子面对堆积如山的作业，也一定会觉得很发愁，再加上不知道应该先做什么作业，就更会有茫无头绪的感觉，因而难免会拖延。

针对孩子因为不分轻重主次且毫无计划而导致的混乱学习状态，父母切勿一味地催促孩子，而是要耐心地引导孩子，让孩子注意区分作业的难易程度，也要明确给作业排序的原则是由易到难先甜后苦，还是从难到易先苦后甜，这样孩子在给作业排序时会更有目标。当然，必要的时候，还可以根据作业上交的时间长短，按照缓急的程度来给作业排序。这样一来，孩子才能从繁多的作业中厘清头绪，制订计划，按部就班地完成每一项作业。

从心理学的角度来说，孩子之所以面对众多作业而茫无头绪，是因为他们有无助感。作为成年人，也常常会有感到浑身疲惫，似乎连脑子都转不动了的时候。然而，每次这样放纵自己陷入懒惰的旋涡，不管是成人还是孩子，都会感到很焦虑，毕竟还有那么多工作和作业等着我们去完成呢，而惴惴不安地忙里偷闲，并不能让自己真正得到放松，也不能真正感到心安。这就是无助感给人带来的负面影响。父母要帮助孩子尽快地从慵懒无助的状态中摆脱出来，例如，协助孩子一起罗列待办事项清单，引导孩子进行排序；如果孩子对于该做的事情真的提不起兴致，那么父母要允许孩子利用短暂的时间做喜欢的事情，先调动起孩子的兴趣，这样一来，孩子兴致高昂，精神状态会更好，也能够更专注地投入到该做的事情中去；制订明确的计划表，可以分为长期计划表、中期计划表和短期计划表，尤其是短期计划表，对于帮助孩子完成当下的学习任务很重要。需要注意的是，在协助孩子制订计划表时，父母切勿全权代劳，而是要以孩子的意见为主，父母提出建议供孩子参考，这样孩子才会更愿意按照自己制订的计划表展开行动。

总而言之，孩子的本心并不愿意拖延，他们也想把每一件事情做得又快又好，迅速完成所有的任务。但是，孩子的自我管理能力正处于发展之中，作为父母，理应为孩子提供有效的帮助和孩子乐于接受的引导，这样孩子才能尽快地戒掉拖延，高效率地完成很多事情，获得成就感，树立自信心，从而进入良性循环的状态。

分清轻重缓急，避免做无用功带来挫败感

自从找到舟舟总是拖延完成作业的症结后，妈妈在和舟舟商议之后，规定舟舟每天晚上10点钟要完成学校的作业，然后利用半个小时完成妈妈布置的背诵任务或者课外作业。有一天晚上，舟舟学校的作业比较多，还增加了大量的阅读作业。但是，舟舟好不容易完成作业，还没开始写阅读作业呢，就已经10点了，舟舟只好先开始做妈妈布置的课外作业。到了10点半，舟舟洗漱，11点上床休息，舟舟原本想占用一个小时的睡觉时间完成阅读作业，结果因为太困就睡着了。次日舟舟因为没有完成阅读作业，被老师狠狠地批评了一通。老师还把这件事情告诉了妈妈。回到家里，妈妈问清楚了舟舟原因，说："你真是个傻孩子，妈妈虽然规定你每天10点到10点半完成课外作业，但是也可以有例外啊，例如昨天你有额外的阅读作业需要占用很多时间，你可以告诉妈妈把课外作业留到其他时间补做。"舟舟看着妈妈说："这样也可以吗？是您告诉我必须严格按照时间完成各种作业的！"

妈妈知道，是她过于绝对化的话让舟舟误解了，因而妈妈语重心长地对舟舟说："舟舟，很多事情都是可以变通的，例如写作业的顺序。平日里没有特殊情况，我们就按照确定的顺序完成作业。如果遇到有额外的作业，需要次日就交给老师，那么作业的轻重缓急就有了不同。例如，妈妈布置

的课外作业第二天不需要交，但是老师的作业要交，那么你肯定优先完成老师的作业。再举例来说，下节课就是语文课，老师要为你们讲解语文习题，下午是数学课，老师要给你们讲解数学习题，而你的语文作业和数学作业都还没完成，那么，你现在要先完成哪一项作业呢？"舟舟想了想，不好意思地挠挠头，说："语文作业。"妈妈竖起大拇指，对舟舟说："是的，因为语文作业马上就要讲，数学作业可以等到中午吃完午饭再做，都赶得及。以后，除了要按照难易和时间安排完成作业，还要灵活地区分事情的轻重缓解，避免再被批评，明白了吗？"舟舟重重地点点头。

舟舟为了按时完成妈妈布置的课外作业，耽误了阅读作业，导致次日被老师批评，他一定很沮丧，还会产生挫败感。这是因为舟舟严格执行妈妈的安排，而忽略了事情有不同的紧急情况。相信得到这次教训之后，舟舟对于灵活安排作业会更有感悟。

那么，孩子为何会本末倒置地完成作业，导致做了无用功，或者导致自己被批评呢？

首先，是因为孩子没有深入地了解要做的事情，因而对于事情的重要程度、紧急程度都没有印象，所以只会教条地按照事先的约定做各种事情，而忽略了事情现实和具体的情况。为了帮助孩子提升做事情的效率，父母要引导孩子学会区分事情的轻重缓急，从而帮助孩子学着为自己做出明智的选择和合理的安排。

其次，有些情况下，孩子会低估事情的难度，高估自身的能力，误以为自己可以很顺利地做好一些事情，结果却遭遇挫折，导致无法顺利完成应该做的事情。父母要帮助孩子客观地认知自己，合理估量自身的能力，并且帮助孩子认清楚事情的状况。

再次，给孩子机会去亲身实践，让孩子预估做事情需要的时间，以及能够达到的结果。这样一来，就可以预留出充足的时间完成该完成的任务，而无须事到临头，手忙脚乱。

最后，针对孩子的正事、闲事，父母要和孩子好好沟通，达成共识。很多父母以为的闲事，在孩子心里却是正事；很多父母以为的正事，在孩子心里却是闲事。其实，一件事情并没有绝对的正事与闲事之分，因为一件事情对于每个人的意义是不同的，或者对于同一个人在不同时期的意义也不同。因此父母既要尊重孩子对于一件事情的看法和观点，也要认可孩子看重的正事，这样才能与孩子更好地沟通，从而帮助孩子准确定位一件事情，也戒掉拖延，抓紧时间完成该做的事情。

摒弃那些看似绝对完美的计划

在妈妈的引导下，舟舟的时间意识越来越强，他很珍惜时间，也渐渐地戒掉了拖延的坏习惯。然而，他却从一个极端走向了另一个极端，那就是对时间看得特别重要，分分秒秒都不愿意浪费。这不，马上要到国庆节假期了，整整有七天的时间呢，舟舟决定用四天来学习，用三天来休息。学校的作业很多，再加上课外班的作业，舟舟感觉肩上的担子沉甸甸的。

放假的前一天晚上，舟舟就开始着手制订学习计划。他把用于学习的四天时间安排得很紧凑，每天早晨和上学一样准时6点钟起床，然后就是一项接一项的作业，中午只有一个小时吃饭时间，每做一个小时作业，只有五分钟休息时间。看到舟舟的计划表，妈妈有些担心，问舟舟："如果按照这个计划表去做，你可是比上学更累呢，你能吃得消吗？"舟舟点点头，说："为了后面三天能够玩得痛快，我愿意充实地度过这三天。"看着舟舟信心满满的样子，妈妈没有继续说下去，而是等着看舟舟的表现。

果然，第一天，舟舟起床就很困难。虽然在上学的日子里，舟舟都能按时起床，但是这可是长假的第一天，舟舟心理上放松了，妈妈喊了好几遍，都没有成功起床。因为时间安排太紧凑，舟舟当天的第一项任务就因为起床晚了，无法在规定时间内完成。而后续的时间安排中，每个特定的时间段都有满满当当的任务需要完成，所以根本无法挤出时间来弥补第一项任务。整个上午，舟舟的心情都不好，他责怪自己为何不能按时起床，想要弥补第一项任务，又没有多余的时间。当天结束，还有一项任务因为时间紧张也没有完成。妈妈建议舟舟："舟舟，我觉得你可以把时间安排得更加宽松一些，例如早晨可以适当地多睡一个小时。中午的时候，可以留出一个半小时，而且每隔一个小时的休息时间，也可以从五分钟调整到十分钟。毕竟能否在规定时间内完成作业受到很多因素的影响，这些富余出来的时间，可以作为机动时间使用。如果你总是能按时完成作业，那么你的心情会很好，但是如果你总是不能按时完成作业，心情就会很紧张、很焦虑，你就会闷闷不乐。你觉得呢？"

舟舟思考片刻，认为妈妈说得很有道理，说："的确，我今天因为起晚了，心情一点儿都不好，而且，后来也有其他作业没能按时完成。看来，是我把时间安排太紧张了。"妈妈笑起来，说："你的计划非常完美，但是在实际操作的时候，可行性不足。你看，因为没有完成计划，你心情沮丧，后面完成作业的速度和质量都受到了影响。未来还有三天呢，妈妈认为你还是有必要调整下计划的，哪怕减少一些课外作业的量，我也希望你能快乐学习、高效学习，好吗？"舟舟点点头，很快就调整了学习计划，次日，他的学习计划进行得很顺利，心情也非常好。

对于一个非常完美的计划来说，要想全面贯彻和执行，就必须保证人像机器一样精确到分秒，决不能有任何差错，更不允许有延误。这可能吗？别说孩子不可能做到，就算是成人，也根本不可能做到。所以当孩子制订计划时，父母要向孩子强调制订计划的初衷，不是为了拥有一个完美的计划，而是为了拥有一个切实可行的计划，这样才能给我们带来实实在在的收获。

从某种意义上来说，很多计划之所以只能停留在纸面上而不能落实到现实之中，就是因为它们太过于完美。面对完美的计划，就像是在面对一个超高的甚至不可能实现的目标，孩子怎么可能不信心全无呢？越是在执行计划的过程中遭遇困难，孩子们越是会沮丧失落，不由自主地进入拖延的状态，也以拖延来逃避失败。

父母要帮助孩子克服"完美主义光环"。俗话说，金无足赤，人无完人。完美型人格者总是陷入拖延的恶性循环之中，就是因为他们总是不切实际地追求绝对完美。每个人在制订计划时，都要考虑到计划的可行性，哪怕自己看似有充足的时间，也要留出机动的时间用来应付突然发生的意外情况。当然，即使一切进展顺利，甚至提前完成了任务，那么也可以把多出来的时间作为给自己的奖励，这不是很好吗？

珍惜时间固然重要，合理计划和安排时间更加重要。对于孩子来说，并非每时每刻都争分夺秒就能够成为时间的主人，发挥出时间的最大效用，而是要学会掌控时间。在这个世界上，从来没有绝对完美的计划能够得以绝对完美地执行，只有切实可行的计划才能为我们带来更多的收获。严格要求自己的目的是为了戒掉拖延，而不是为了让自己在紧张焦虑的状态下加重拖延。

勇敢选择，肩负起自己的责任

周末，乐乐要去上书法课，还想去看一场电影。可是，作业应该什么时候写呢？妈妈对乐乐提出疑问。乐乐想来想去，说："要不，我等下周再看电影吧！"看到乐乐犹豫的样子，妈妈轻轻地摇摇头，说："你说的办法不好，因为到了下周，有可能你想看的电影已经下架了，也有可能你会有其他事情。你想想，怎么安排才会更好呢？"乐乐思来想去，也没有想出好办法，妈妈提醒乐乐："电影院就在咱家楼下，我认为，看电影晚上也可以。"乐乐不假思索地表示反对："但是，晚上，我还要玩游戏呢！"妈妈看着乐乐的眼睛，一字一句地说："的确，你还想玩游戏。周五和周六晚上，都是你的游戏时间。我觉得，你既然想看电影，总要有所牺牲，而且要做出努力。妈妈知道，你很喜欢看电影，难道你就这样轻易地放弃看电影了吗？"乐乐陷入了沉思。

很久，乐乐都没有做出选择。他不开心地写着作业，效率很低，原计划要完成的作业，有了延误。妈妈看到乐乐的状态很糟糕，说："还有另一个解决方案，那就是你可以占用完成课外作业的时间去看电影，前提是你必须在明天也就是周一，在不影响休息的情况下补上课外作业。"乐乐思考着："那么，我周一中午吃完饭就不能玩了，也不能和同学聊天，我周一晚上还要加速完成学校里的作业。"妈妈点点头："生活中，总有些情况是突发的，很意外地就发生了，让我们措手不及。处理这些事情需要时间，但是我们又不能打乱原有的计划，所以需要利用机动的时间，甚至是挤出时间来处理。毫无疑问，这会让我们在这段时间内的任务加重，但是这是我们应该肩负的责任。"乐乐恍然大悟地点点头："明白了，看电影是临时决定的，我就要想办法把作业均摊，不能因此而影响其他的事情，也不能因为害怕承担责任就放弃做喜欢的事情。"妈妈欣慰地为乐乐竖起大拇指，乐乐打定了主意，如释重负。

人生中，每个人都面临着各种各样的选择，既然是选择，就总有得到，也总有失去。孩子在进行选择的时候，难免会因为得失而迟疑不定，毕竟人人都想顺心如意，都想实现自己的所有心愿，都想让自己收获满满。遗憾的是，理想总是丰满的，现实总是骨感的。面对残酷的现实，孩子们要牢记有付出才有收获、有舍弃才有得到的道理。

在小时候，孩子们在父母的关爱和照顾下健康快乐地成长，他们从来不会为任何事情发愁，哪怕闯祸了，也有父母为他们负责。但是，随着不断地成长，孩子们渐渐地脱离父母无微不至的保护，走上独属于自己的人生之路。面对想要的一切，他们无法再靠着哭闹乞求得到，他们必须学会为自己的决定负责。

当孩子惧怕选择，或者面对选择迟疑不决的时候，父母切勿觉得这是性格使然，而是要意识到孩子是在害怕责任。也有些孩子，从小就习惯了接受父母的安排，所以很畏惧选择。也有些孩子，是因为害怕承担责任，所以畏惧选择。不管出于什么原因，孩子们畏惧选择的表现之一都是拖延。

通常情况下，如果有两件事情必须要做，而被拖延的那件事情，一定是当事人觉得难度更大、责任更重的那一件。人们常说，两害相权取其轻，两利相权取其重，这正符合人趋利避害的本能。孩子也会在本能的驱使下刻意逃避那些难度很大的事情，又因为内心忐忑，而无法当即做出决断。

父母要告诉孩子，拖延从来不能解决问题，有的时候，随着逃避的时间延长，还会错失解决问题的最佳时机。这样一来，因为拖延既没有真正地逃避掉问题，又没有让一切变得更好，那么何不当机立断肩负起属于自己的责任，勇敢地面对和解决问题呢？人是会自我欺骗的，孩子也不例外，常常会在不自觉的情况下根据避难选易的原则进行自我欺骗。最好的解决办法正如上文所说，要首先完成最重要且最紧急的事情，其次完成最紧急但不重要的事情，再次完成最重要但不紧急的事情，最后在有时间的情况下，完成不重要也不紧急的事情。由此一来，始终都在做剩下的所有事情里最紧急的事情，孩子也就无可逃避，只能肩负起自己的责任，勇往直前，努力做到最好。

明确那些必须面对的现实

周末，妈妈让小怪做一张中考的数学模拟试卷。小怪一直在拖延，到了周日晚上，还没有做。眼看着就要9点钟了，小怪问妈妈："妈妈，我困了，可以睡觉了吗？"妈妈用难以置信的眼神看着小怪："你的作业都完成了吗？"小怪答非所问："学校的作业，都完成了。"妈妈问："那么我布置的课外作业呢？"小怪说："就剩下一张试卷……那个试卷，太难了。"妈妈以不容置疑的语气说："难，也要做，不难，做着还有什么意义呢？"小怪极其不情愿地看着妈妈，妈妈直视着小怪的眼睛，说："不行，必须做完才能睡觉。"小怪说："那我先去上个厕所，然后洗澡，然后再写。"

妈妈看穿了小怪的小心思，所以即使小怪在马桶上蹲了20分钟，洗澡又用了半个小时，直到10点才坐在书桌前，妈妈也没有催促小怪。看到小怪无奈地开始完成试卷，妈妈说："你有一个半小时完成试卷，如果提前写完了，就要检查；如果时间不够用，就不要做了。就像对待正式考试那样完成这张试卷，我会给你批改，告诉你成绩的。"小怪皱起眉头，噘着嘴巴："但是，现在已经10点了。"妈妈说："我知道啊，谁让你之前磨磨蹭蹭，拖延时间呢！那么你就要牺牲睡觉的时间完成必须完成的试卷，而且明天早晨还要照常早起，按时背诵英语！"小怪哑巴吃黄连，有苦说不出，只好打着哈欠完成了试卷，又在妈妈批改之后进行了订正，直到12点才上床睡觉。原本，他祈祷妈妈次日起得晚一些，没想到妈妈却起得比平时更早，就是为了盯着他起床背诵英语呢！整整一天，小怪哈欠连天，后悔不已：早知道试卷拖不过去，我就早点儿写完了，真是自作自受啊！

事例中的小怪很狡黠，为了逃避写试卷，故意拖延到10点钟才开始写。只可惜他打错了如意算盘，原本以为妈妈会因为心疼他而赦免他，让他早点儿睡觉，却没想到妈妈坚持让他完成试卷。这是因为妈妈比小怪更加狡猾，更加诡计多端，知道如何才能治得小怪服服帖帖吗？当然不是。归根结底，问题的关键在于，小怪并不清楚这张试卷是他必须做的，所以低估了这张试卷的重要性，采取了错误的拖延策略。

现实之中，有些事情也许是可以逃避的，有些事情却是不能逃避的，哪怕采取拖延的策略，拖延到最后，也必须去做，还要认真地做好。对于那些可以逃避的事情，也许无关紧要，也许不被重视，所以适度地拖延无可厚非。但是对于必须做的或者重要或者紧急的事情，却片刻都不能耽误，必须马上去做。因为拖延会失去做事情的最好时机，如果能够选择在最好的契机解决问题，我们为何不去做呢？在浪费了好时机之后，反而要被动地解决问题，这无疑会是一种不好的体验。

孩子们的天性就是爱玩，即使孩子是学霸，也不会愿意把每一分每一秒都用于学习。尤其是现在的孩子，学校里的学习任务很重，课业压力很大，父母还会不吝金钱为他们报名参加各种培训班、补习班等，让他们即使到了周末，也难得片刻清闲。孩子们要想休息，就只能忙里偷闲，见缝插针，就只能合理安排好该做的事情，知道哪些事情可以拖延，哪些事情是不可逃避更不可拖延的，这样才能珍惜时间，把该做的事情都做好，从而有时间做自己想做的事情。

俗话说，好记性不如烂笔头。在明确哪些事情是必须完成的之后，接下来，孩子们就要用"烂笔头"，把这些事情按照一定的顺序记录下来，逐项完成。根据时间跨度进行分类，可以把所有的事情分为两类，一类是在短时间内就能处理好而且也没有后顾之忧的事情，另一类是时间跨度很长而且一旦处理不好就会有后顾之忧的事情。例如，对于当天需要完成的作业，是短时间内就可以完成的既定任务。再如，对于老师要求的阅读作业，读《西游记》，则是需要认真仔细地读，并且每天忙里偷闲、见缝插针去坚持的。还有些孩子会发展兴趣爱好，诸如跳舞、绘画、跆拳道等，这些都是需要长期坚持学习才会有效果的。十年磨一剑，对于孩子而言，成长何尝不是如此呢？成长是漫长的过程，十年磨一剑都可能不会实现，甚至还需要20年！很多人都知道郎朗，看着郎朗的指尖在琴键上快速地跃动，不由得心生敬佩，却不知道郎朗从小就被父母逼着练琴，练了很多年才有这样的成就。学习钢琴，对于孩子而言是很枯燥的，小小年纪的孩子要想主动坚持很难，父母在这个时候必须给予孩子强大的助力，才能推动孩子继续努力，绝不放弃。随着不断地成长，孩子意识到坚持是自己必须做到的，他们就会渐渐地改变心态，从消极被动、抵触抗拒，到积极主动、心甘情愿，有了这个转化，孩子会更加积极地成长，更加努力地坚持，自然也就不会再拖延和逃避了。

不要打着关心的旗号打扰孩子

冬天到了，小区开始供暖，尤其是到了晚上，家里会变得更暖和，没几天，舟舟就流鼻血了。妈妈看到之后很紧张，一连声地说："都是暖气烧得，太干燥了。"妈妈火速买来加湿器，又盯着舟舟多喝水，多吃水果，似乎这样就能马上滋润舟舟干燥的鼻子似的。

这天晚上，舟舟正在写作业，妈妈先是送了一盘苹果给舟舟："吃吧，这可是新疆阿克苏苹果啊，非常甜。"舟舟头也没抬，对妈妈说："先放在桌子上吧，我现在没空。"妈妈站在旁边不愿意走开，喋喋不休道："你忘记你鼻子流血啦！天气这么干燥，别以为我不知道。你们小孩子在学校的时候都不爱喝水，所以一烧暖气才会上火。赶紧吃，赶紧吃，吃几块苹果耽误不了你几分钟的时间。"舟舟无奈，只好放下作业拿起苹果开始吃。看到舟舟表现很乖，妈妈满意地离开了。

十几分钟之后，妈妈拿了银耳汤给舟舟喝。舟舟连声拒绝道："不喝不喝，才刚刚吃完饭，饱着呢！"妈妈说："银耳雪梨羹，我还放了百合，最清热去火，你必须喝。"妈妈一直等着舟舟呢，舟舟无奈地又放下作业，端起银耳汤喝了半碗。看着妈妈离开，舟舟赶紧关上门，说："我滴亲妈呀，今晚可别再来了，我的一道数学题都半个小时了，都没有想出来！"妈妈撇了撇嘴："你呀，就是身在福中不知福，我照顾你还有错啦！"

这一次，妈妈坚持了一个小时，就在舟舟的作业所剩不多的时候，又响起了敲门声。妈妈又来了，端了一杯牛奶给舟舟："舟舟，快把这杯牛奶喝了，牛奶有助于睡眠，你不是一直睡眠不好么，温热的牛奶啊，凉了就不好了！"舟舟生气地放下笔："好吧，我看我也别写了，你还有什么要给我的，都一次性拿过来，省得总来打扰我，我作业都完不成啦！"妈妈委屈得眼眶红了，舟舟只好耐心地和妈妈解释："妈妈，写作业是需要集中精神的，你总是这样一会儿就来，一会儿就来，还逼着我吃这个喝那个，我好不容易进入状态，写得又快又好，因为被你打扰，马上又从状态中出来，这样一来，我再次进入状态又需要很长时间。看起来，您给我送东西吃吃喝喝只需要几分钟，其实我效率一低，浪费的时间可不少呢！我会喝牛奶的，您能不能把它放在餐桌上呢，我写完作业去喝，我很快就能写完了。"看到舟舟说得头头是道，有理有据，妈妈只好端着牛奶走出去。后来，妈妈很少在舟舟写作业的时候去关心舟舟，因为舟舟会提前拿一杯水放在书桌上，她也就不担心舟舟会口渴了。

在孩子写作业的时候，很多父母都会借机关心孩子，一会儿给孩子送喝的，一会儿给孩子送吃的，生怕孩子渴了饿了。其实，成人都有这样的体验，即在专注地做一件事情时，哪怕饿了渴了，感觉也会迟钝，更何况孩子是吃完晚饭开始写作业的呢？所以父母无须担心孩子，青春期的孩子，他们已经能够满足自己的需求，如果有需要，他们会主动离开书桌，尽量满足自己的。事例中，舟舟说得很有道理，当孩子进入写作业的状态，就会思维活跃，写得又快又好。反之，如果孩子根本不在写作业的状态，就会三心二意，浪费时间，而且完成作业的质量也会受到影响。

父母要想培养孩子的专注力，就要从避免打扰孩子开始做起。如果真的担心孩子的营养摄入和身体健康，就要注意选择合适的时机表示对孩子的关心。例如，可以准备好水果、牛奶等，等孩子走出房间休息的时候，让孩子一边休息一边补充能量。除了不要给孩子送水果和牛奶之外，也不要把水果和牛奶放在书桌上，让孩子一边写作业一边吃，这同样会使孩子无法集中注意力高质量地完成作业。

专注力，对于孩子的成长很重要，不但会影响孩子现在的学习状态，也会影响孩子未来的投入状态。除了不要打着关心孩子的旗号打扰孩子之外，当孩子专注做学习之外的事情时，父母也要避免催促孩子，或者强行中断孩子。只有意识到避免打扰孩子的重要性，也真正做到不因为任何事情而打扰孩子，孩子才能渐渐形成专注力，提升做事情的效率，从而水到渠成地戒掉拖延。

第三章
提升自信心,以勇敢无畏的姿态治愈拖延

很多喜欢拖延的孩子,都是因为自信心不足。他们对于自己的表现不满意,又不确定自己能否通过努力表现得更好,为此他们畏畏缩缩、胆小怯懦,变得越来越拖延。这样的状态对于孩子的成长是极为不利的,要想有效改善孩子的拖延症状,父母要有意识地帮助孩子提升自信心,让孩子勇敢无畏地面对现实中发生的各种事情和暴露出来的各种问题,以及突然遭遇的各种困境。当孩子变得勇敢无畏,他们的拖延症状自然会有所好转。

不怕拒绝他人，不当老好人

傍晚，妈妈看到乐乐下了小区班车，进了小区大门，知道乐乐几分钟就能到家，赶紧把饭菜加热，等着乐乐一回家就吃饭，好节省时间完成作业。然而，妈妈左等右等，十几分钟过去了，乐乐一直没有回家。妈妈不由得感到纳闷：难道是走错楼了？就算走错楼了，现在也应该回到家了呀！妈妈忍不住对爸爸说："乐乐怎么还没到家？刚才我明明看到他已经进小区大门了，要不你去楼下找一找。"爸爸不以为然："这么大的人了，都进小区了，能有什么事情，说不定在下面玩呢！"说话间，乐乐回来了，妈妈看了看钟表，乐乐比平时晚回来20分钟。

乐乐才刚刚进门，妈妈就迫不及待地问："我早就看到你进小区了，你怎么才回来呢？"乐乐说："小区里有个人问我关于学校的事情。"妈妈马上想起老生常谈的安全问题："人家问你关于学校的事情，然后呢？"乐乐回答："然后，他一直在问，我不好意思走，就站在那里和他说了一会儿。"妈妈不由得着急起来："我告诉过你多少次了，不要和陌生人说话，你怎么就不听呢？如果对方是坏人，你靠近了和对方说话，对方很有可能会用迷药把你迷倒。你不会拒绝吗？拒绝陌生人是很容易的事情，毕竟你又不认识他，和他也没有交情！"乐乐说："那怎么办？人家正说着话，我就走了吗？"妈妈说："你当然可以走。你如果不好意思什么都不说就走，可以告诉他爸爸妈妈在家等你，你回家晚了，爸爸妈妈会担心的。"乐乐还是很难拒绝："但是，我就晚十几分钟回家，没有那么严重的，人家会听出来我在找借口。"妈妈啼笑皆非："这怎么能是借口呢？这就是你拒绝陌生人的合理理由，如果他不让你走，总是缠着你，那就是他有问题。"

看到乐乐和妈妈之间的气氛越来越紧张，爸爸赶紧来打圆场："乐乐，学会拒绝他人是一种能力，如果你总是不好意思拒绝他人，就会拖延自己本应该按时完成的事情，就像今天这样。将来，你会遇到很多提出不情之请的人，也有可能遇到坏人，你一定要学会拒绝，知道吗？而且，每个人的时间都是很宝贵的，对于值得的人，我们可以花费时间和精力去帮助他们，对于不认识的人，我们则要酌情对待。例如，对方发生了车祸，急需得到帮助，那么我们可以伸出援手。但是如果对方是咨询学校，他可以去学校里找老师进行咨询，而不必在路上拦着你问，况且对于学校里的有些问题，你也不那么明白，对不对？事有轻重缓急，一定要分清楚具体情况，区别对待。"乐乐觉得爸爸说得有道理，没有再反驳，而是瓮声瓮气地说："知道了！"

现实生活中有很多老好人，因为不好意思拒绝他人，他们会接受他人的求助，又因为自身能力不足或者精力不济，而导致无法完成承诺的事情，结果好心办了坏事。他们的出发点是好的，是为了给他人留下好印象，与他人交好，然而最终产生了相反的效果，招致他人怨恨，反而导致人际关系紧张。

毋庸置疑，对于每个人来说，时间和精力都是有限的。而要想完成一件事情，尤其是要想圆满地完成一件事情，往往需要付出大量的时间和精力。如果孩子没有多余的时间和精力，就随便接受了他人的请求，那么就意味着会打乱自己的生活和学习节奏。正如事例中爸爸所说的，随着不断成长，乐乐会遇到更多提出不情之请的人，一定要学会拒绝。

当然，所谓拒绝不是不由分说就拒绝，而是要先判断自己与对方的关系，然后再看看自己有多少时间和精力可以用来帮助他人。对于大多数人，我们并不需要放下自己的事情不管不顾，去帮他人的忙。只有那些关系特别亲近的人，才值得我们把他们的事情放在前面，不计成本地去付出。

俗话说，泥菩萨过河自身难保，如果为了帮助别人而让自己陷入困境，结果就是既不能真正帮助他人，也拖累了自己。很多孩子都没有形成时间观念，对于时间的流逝感知并不那么鲜明。当他们过于高估了自己驾驭时间的能力，就会让自己陷入被动的局面。所以父母首先要教会孩子正确衡量自己所拥有的时间。

其次，要教会孩子判断一件事情是否在自己的能力范围内。很多青春期的孩子江湖义气很重，总觉得如果拒绝了朋友的请求，就会伤害朋友。其实，真正的友谊是以不给他人添麻烦为原则的，如果一个人对孩子提出了不情之请，就意味着他也许并没有把孩子当成真正的朋友。父母要让孩子识别真正的友谊，也珍惜真正的朋友。

最后，拒绝是一门艺术，只有掌握拒绝的方式，掌握拒绝的技巧，孩子才能更好地拒绝他人。例如在拒绝他人时，可以抬高他人，贬低自己，说自己的能力不足，无法帮忙；也可以先感谢对方的信任，再说明自己的情况。这些都能够让拒绝变得更容易接受，既达到了自己的目的，也照顾了他人的颜面，保护了他人的自尊心，可谓一举两得。此外还需要注意的是，拒绝他人时尽管在表述上要委婉曲折，在时间上却是宁早勿迟。对于自己做不到的事情，一定要当机立断地拒绝，而切勿在答应他人的请求之后再拒绝，因为这样会给他人造成更深的伤害。

缓解焦虑症，避免强迫引发拖延

进入初二，乐乐变得越来越臭美了，对于这一点，爸爸妈妈虽然看在眼里，但是他们还没有想好应该怎么和乐乐说。每天早晨，乐乐起床都挺早，但是他却在用宝贵的睡眠时间来磨蹭。这不，从5点半起床到现在，都已经6点10分了，乐乐还在镜子前流连忘返，妈妈忍不住催促道："乐乐，你怎么用了这么久也没收拾好自己，还没开始吃饭呢？6点半就要出发去学校里，你到底是发型重要，还是吃饭重要呢？"对于妈妈的质疑，乐乐笑起来："发型和吃饭都重要，从某种意义上说，发型更加重要，发型乱糟糟的可不帅！"爸爸也在一旁帮腔道："最帅的孩子，是品学兼优的孩子，这是高级的帅。只靠着发型耍帅，谁都可以整理出来一个和你一模一样的发型，这没什么难度！"说完，爸爸还意味深长地看了乐乐一眼。

乐乐最后整理了下发型，赶紧坐到餐桌前狼吞虎咽地吃饭。只用了五分钟，乐乐就把饭吃完了，紧接着开始穿外套，穿袜子，收拾书包，穿鞋子，又是十几分钟过去，直到6点35分，乐乐才匆匆忙忙地对着镜子照了照，出了门。

乐乐才走，爸爸妈妈就面面相觑，妈妈担忧地说："人家都说男人一旦开始注重形象，肯定是有了情况。你说，你儿子是不是开始谈恋爱了呢？"爸爸说："才上初二，这也太早了点儿吧！"妈妈又说："现在小学都有谈恋爱的，如果不是爱情的力量，以前乐乐被盯着都不愿意洗头，现在怎么这么积极了呢？简直太奇怪了！"爸爸看到妈妈越想越离谱，赶紧打住："好啦，别胡思乱想啦，等晚上乐乐回来，问问不就知道了！"晚上，乐乐回到家里，爸爸妈妈一起上阵，对乐乐展开"审问"。乐乐忍不住抱怨："你们可真逗，以前我不重视形象，你们觉得我不重视，现在我重视了吧，你们又嫌我太重视，我到底应该怎么做啊？"妈妈看着乐乐，试探地说："你重视形象，我们不反对，但是我们不希望你早恋。而且，重视形象也要适度，你现在学习任务重，时间紧张，睡觉的时间都不够，你每天早晨浪费半个多小时在发型上，还不如把这时间用来睡觉呢，你觉得呢？"乐乐不以为然："我觉得觉可以少睡一会儿，但是形象必须好。"爸爸说："妈妈的意思是，你也可以注重形象，但是我们都不赞成你每天用半个多小时的时间打造形象，你如果不浪费宝贵的睡眠时间，我们是支持你注重形象的。"乐乐恍然大悟："哦，原来是嫌我拖延啊！老师都说，我们全班同学就没有一个不拖延的，我尽量，尽量吧！"说完，乐乐回到房间，爸爸妈妈无奈地相视苦笑。

　　到了青春期，不管是男孩还是女孩都会很注重形象，这与他们小学阶段根本没有打造形象的意识，哪怕被爸爸妈妈催促着也不注重形象的表现截然相反。虽然大多数青春期孩子的父母说起早恋来都很担心，但是切勿不问缘由就把孩子注重形象的表现与早恋联系起来。孩子们注重形象，也许是为了悦己者容，也许就是因为进入青春期，变得爱美了。与其把问题想得复杂，还不如把问题尽量想得简单一些，也可以避免误导了孩子。

　　青春期孩子自尊心强，很敏感，甚至会为了追求完美而出现强迫症状。就如事例中的乐乐，其实整理发型只需要几分钟的时间，毕竟男孩子头发短，很容易打理。但是如果男孩有强迫症状，问题就没有这么简单了，他们很有可能对自己精心打理的头发不满意，也很有可能临时想要换一个发型。总而言之，他们希望自己的形象完美无瑕，也希望自己能够吸引更多人的眼光。孩子的强迫症状不仅仅表现在对于形象的追求上，很多孩子对待学习时也很希望自己有更出色的表现，例如他们会在上交作业之前检查好几遍，有时检查多遍还是不放心，还是担心自己会出错。有些孩子在考试过程中，为了检查已经做过的题目，反复检查，导致试卷不能完成。这些都是过于追求完美和强迫症给孩子带来的困扰，孩子会因为延误而感觉很糟糕。在这种情况下，父母一味地催促孩子并不能有效缓解孩子的强迫心理和拖延行为，明智的做法是，不仅要帮助孩子缓解心理上的紧张焦虑，还要让孩子意识到世界上并不存在真正的完美。

首先，帮助孩子找出压力源，缓解压力。对于追求完美和有强迫倾向的孩子，压力越大，他们的强迫思考越是会频繁地出现，而且十分强烈。这直接导致他们做出强迫行为，从而使他们的压力更大，由此进入恶性循环之中。为了帮助孩子从根源上缓解压力，父母要尝试着帮助孩子找出压力源，既可以观察孩子的异常行为表现，也可以和孩子进行沟通，尝试着帮助孩子打开心扉，宣泄负面情绪。

其次，帮助孩子认识到即使不做重复行为，糟糕的结果也不会出现。孩子之所以出现反复的强迫行为，就是因为他们觉得如果不做这些行为，就会出现很严重的后果。从某种意义上，可以说是对严重后果的恐惧，迫使他们做出重复行为。如果父母能够让孩子认识到，即使他们不做重复行为，也不会出现糟糕的结果，那么孩子心理上就会更放松，也能够主动地调整自己不合理的强迫思考，避免继续做出重复行为。

最后，培养孩子的兴趣，转移注意力。越是无聊，孩子越是容易陷入强迫思考的怪圈。父母要培养孩子的兴趣，让孩子在做其他事情的过程中感受到快乐，那么就能成功转移孩子的注意力，让孩子知道除了做出重复行为之外，他还可以做更多其他有趣的事情。孩子的本性都是爱玩，都很喜欢投入自己感兴趣的事情之中，所以这个方法只要运用得当，就会收到很好的效果。

不逃避，勇敢面对才能解决问题

周末，老师布置了阅读作业，即阅读《西游记》的部分章节，做读书笔记，回答问题。对于这个作业，全班同学里没有几个孩子喜欢完成，因为哪怕西游记是白话文，他们读起来也觉得艰难晦涩。为此每到完成阅读作业时，总是有同学不能按时交作业，甚至故意逃避，不愿意做作业。然然上次就因为没有完成阅读作业而被老师批评，这一次听说又有阅读作业，所以妈妈这次很关注然然的情况。

周日中午，妈妈正坐在电视机前欣赏有趣的电视节目呢，然然也从卧室走出来坐在妈妈身边。妈妈问："作业写完了吗？"然然点点头。大概半个小时后，妈妈觉得然然休息的时间已经足够了，又问："阅读作业写完了吗？"然然答非所问，说："妈，这个电视剧好看吗？"妈妈觉察到然然的阅读作业并没有完成，继续说："电视剧好看，但是你在完成所有作业前不能看。现在，立刻，马上，去写阅读作业吧！"然然撒娇地对妈妈说："妈妈，就让我陪你看完这一集吧！"看着然然依偎在自己身边的样子，再想到然然一天天长大，妈妈忍不住心软了："孩子还能像这样依偎在我身边几年呢？一转眼，就成大小伙子了。"想到这里，妈妈不再催促然然。然而，一集结束后，然然还是没有回卧室写作业的意思，妈妈只得拿起遥控器，假装要关掉电视："然然，你这是逼着我关电视啊，大周末的，连电视也不让我看一会儿吗？"然然赶紧起身离开。看着然然的背影，妈妈无奈地摇了摇头。

　　面对艰巨的学习任务，孩子为何不愿意马上完成呢？是因为他们担心自己能力有限，还是因为他们抗压的能力很弱，所以就选择以自欺欺人的方式拖延和逃避呢？毋庸置疑，不管是拖延还是逃避，都不可能真正地解决问题。有的时候，随着时间的流逝，还会错失解决问题的好时机，使问题变得更加棘手。父母要把这个道理讲给孩子听，让孩子知道拖延和逃避于事无补，孩子才能进行理性的思考，做出正确的选择。

　　毫无疑问，和拖延与逃避相比，面对无疑会需要更大的勇气，也需要足够的智慧。这尽管很难，但却是解决问题切实有效的办法。随着不断地努力，看到事情被推进，问题也得以解决，孩子们的压力会得到缓解，从而更加有信心解决问题。和拖延与逃避带来的恶性循环相比，这显然是积极的良性循环。

　　从心理学的角度来说，拖延是由情绪引起的，那些负面情绪，诸如忧愁、焦虑、恐惧等，都很容易使我们陷入拖延的怪圈中无法自拔。要想更好地认知孩子的情绪状态，父母要分析情绪和拖延之间的关系，从而帮助孩子保持良好的情绪状态，从而做出有效的举动缓解紧张和压力。有些孩子在情绪焦虑的时候，除了会有拖延的表现之外，还伴随着其他异常行为，例如他们会啃咬自己的指甲，会用手指抠脸或者头，会咬拿在手里的东西，或者卷起袖子，也有极少数孩子会发出奇怪的声音，或者手心出汗，不停地挤压眼睛，耸肩膀等。这些异常行为都意味着孩子的精神正在紧张焦虑，再配合孩子的拖延表现，父母自然能够找到帮助孩子戒掉拖延的有效方法。

　　从心理学的角度进行分析，孩子们之所以选择以拖延的方式逃避艰巨的任务或者各种难题，是因为他们错误地认为，只要他们不做眼下这件事情，就不会有新的事情等着他们去做。父母尤其要注意问清楚孩子的真实想法，当发现孩子确实有这样的想法时，要明确告诉孩子，那些非做不可的事情总会到来，而且必须要完成。

　　为了给孩子完成某些艰巨的任务制造动力，父母还可以给孩子塑造隐形观众。心理学家曾经做过实验，即人们对于那些无人知晓的事情往往缺乏当即完成的动力，而对于那些已经被公之于众的事情，则会感受到来自他人的无形压力，从而变压力为动力督促自己尽快也尽量圆满地完成。因此父母一则要帮助孩子减轻心理上的压力，缓解焦虑的情绪，从而避免因为精神紧张焦虑而拖延，二则也要采取对外公告的方式，把孩子必须做的事情告诉更多的人，或者给孩子塑造隐形的观众，让孩子有非做不可的压力，让孩子没有借口和理由继续拖延，这样孩子才会有当即展开行动的动力。

该来的总会来，何不主动迎战

自从看了电影《2012》，伟明就坚定不移地相信，在 2012 年 12 月 31 日，世界末日一定会到来。2012 年到来的时候，伟明正在读初三。看到身边的同学们一个个刻苦读书，伟明不由得感到好笑："你们这么努力干什么，不等这学期结束，整个世界就会消失，我们每个人都应该及时享乐啊！"同学们都惊诧地看着伟明："你还真的相信有世界末日啊？！"伟明点点头："当然，玛雅预言就是这么说的，这毫无悬念。"有个同学忍不住反驳伟明："如果从现在开始就不努力，而到时候世界也没毁灭，你准备怎么迎接中考呢？要知道，至少有 40% 的同学都考不上高中，这就意味着他们很有可能与大学绝缘，难道你想成为其中一员吗？"伟明想了想："但是如果世界真的消失了，我们岂不是浪费了活着的宝贵时光吗？"同学们全都哈哈大笑起来。

看到伟明学习的态度越来越差，又听到一个同学的妈妈说了伟明的观点，伟明妈妈更加担心了。周末，伟明迟迟没有写作业，而是一直在玩游戏。妈妈给伟明讲了《假如给我三天光明》这本书，还给伟明讲了这本书的作者海伦的故事。妈妈语重心长告诉伟明："一个始终生活在黑暗中的人突然有了三天光明，她没有放纵，而是很理性地计划了三天的行程，这才是值得让人敬佩的人生态度。而你呢，距离世界末日远远着呢，况且压根不知道世界末日是否真的会到来,就打乱了生活和学习的规律,这岂不是太可笑了吗?退一步来说,就算世界末日真的会到来,我们现在也是要该做什么就做什么。这样才是最从容的态度,我想,你也不希望在那个被预言的世界末日没到来的日子之后,眼睁睁地看着你的同学们考上重点高中,而你却无缘和他们同行吧?"妈妈的话让伟明陷入沉思,伟明说:"但是,就这样劳累地工作学习,万一世界末日真的到来,岂不是太亏了吗?"妈妈摇摇头:"这不是亏,这是你在本该过的生活中做本该做的事情。不做,才是赌博,还有很大的可能会赌输,并输得很惨!"伟明看着妈妈,小脑袋瓜子一直在飞速旋转,说:"算了,该来的总会来,我还是过好现在吧!"说着,伟明关掉电脑,开始写作业,妈妈则一如往常地给伟明做美味的饭菜。

玛雅预言告诉人们,在2012年12月31日,地球将会毁灭,一切都将消失。为此,有些人觉得即将面对这么恐怖的灾难,就不需要再继续努力了。还记得《泰坦尼克号》中的镜头吗?虽然海水涌入了船舱,但是有一对老夫妻没有惊慌地四处奔逃,而是彼此相依偎着,迎接死亡的到来。所谓不辜负生命,不是胡吃海喝、寻欢作乐,而是过本该过的生活,做本该做的事情,坦然从容地迎接即将发生的灾难。

不管是成人还是孩子,一定要有强大的内心,而内心强大的标志之一,就是笃定。所谓笃定,是不受外界人和事的影响,对于自己该做什么、不该做什么,始终都有坚定的信念,也始终都能坚持去做。偏偏有太多的人很容易受到外界的影响,对于自己原本想好和计划好的事情,会因为他人的一句话或者一句随意的评价就心神涣散,盲目改变,这样的人是不可能活出自我的。

比起儿童,青春期的孩子虽然已经有了成长,但是他们还没有真正成熟。当发现孩子因为对未来恐惧而手足无措,陷入拖延的状态时,父母要给孩子吃一颗定心丸,帮助孩子稳定心神,做好该做的事情。要想稳定孩子的内心，父母需要做到以下几点。

首先，父母不要以讹传讹，尤其不要在孩子面前说一些负能量的话。孩子很容易受到他人的影响，尤其容易受到父母的影响。父母当着孩子所说的每一句话，都要本着为孩子负责的态度，三思而言。

其次，当孩子内心动摇的时候，父母要及时稳定孩子的内心，给孩子精神和情感上的支撑。父母先慌乱了，孩子就会陷入六神无主的状态，从某种意义上来说，父母的态度是孩子的定海神针。

再次，教会孩子勇敢面对未知和未来。该来的事情，不管我们是恐惧还是欢迎，都会到来，所以拖延和逃避从来不是有效的办法。与其被动地承受，不如主动出击，主动挑战，主动征服。当孩子带着这样的心态去面对很多事情，他们就不会再拖延。与其说孩子是在恐惧未知，不如说孩子是在恐惧结果。毕竟，没有人能够主宰和驾驭时间，随着时间的不停流逝，生命悄然逝去。要想让生命有意义和价值，每一个人都要坚持去做去行动。

最后，分解艰巨的任务，用小目标激励自己。面对看似很难完成的艰巨任务，孩子们会产生畏难心理，为了逃避完成任务，他们就会拖延。古人云，千里之行，始于足下。这句话告诉我们，不管多么遥远的旅程，都要从迈出第一步开始。反之，哪怕是很简单的任务，如果始终拖延着不愿意去做，就不可能完成。水滴石穿，绳锯木断，孩子们首先要有积极的态度，才能勇敢无畏地踏上征服的旅程。

没有最好，只有相对更好

周末之前，老师给乐乐布置了一个任务，希望乐乐能够为班级写毛笔字，作为激励上进的标语张贴在教室里黑板上方。乐乐练习毛笔字一年多了，他接到这个任务很兴奋，因为不是每个人都有机会把字贴在教室里的。周六，他去练习毛笔字，写了十几幅标语，始终不满意。书法老师看到乐乐这么认真，既感到欣慰，又感到无奈。原本，乐乐练习毛笔字的时间是一个半小时，现在都已经过去两个小时了，乐乐却还没有写完。每写完一幅毛笔字，乐乐就拿去给老师看，老师都不敢给乐乐提出不足了，因为乐乐自己都对自己不满意，不是觉得这个字小了，就是觉得那个字大了，要不就是觉得有的字写得结构不好，或者运笔不流畅。

在乐乐的专注之中，时间过得飞快，三个小时过去了，乐乐还是没有写出让自己绝对满意的毛笔字。老师忍不住说："乐乐同学，在这个世界上，绝对完美的作品是根本不存在的，即便是那些大书法家，也不可能对自己的任何作品都是绝对满意的。老师认为，你只要能写出自己的正常水平就行，等再过一年毛笔字写得更好了，还可以重写给老师，替换现在的标语，好吗？"乐乐想了想，懊恼地说："真不明白，我为何每次都会犯错误呢？"书法老师笑着说："不是错误，只是小小瑕疵，是完美的标配品。"乐乐被老师逗得忍不住笑起来。最后，他听从老师的建议，没有继续写下去，而是从此前写好的作品中，挑选了两幅相对满意的，准备带到学校去交差。

当孩子陷入"最好"的怪圈中，他们无论表现怎样，都不会对自己满意。因为他们想要追求的就是最好，在这种苛责的心态下，注定了他们会对自己的每次表现都心怀不满。正如书法老师说的，所有的完美都带有瑕疵，小小瑕疵正是完美的标配。曾经有一位名人说，世界上如果没有丑，就无所谓美。同样的道理，如果没有失败，就无所谓成功。面对孩子始终在追求最好的盲目行为，父母不要一味地欣慰于孩子很追求上进，而是要看到在这种心态的影响下，孩子很容易陷入恶性循环之中：追求最好而不得，渐渐地会心烦气躁，就连更好都做不到了。

完美的前提是什么？如果失去以完整作为基础，完美就是伪完美。就像事例中的乐乐，对于老师交代的任务很努力地去完成，但是如果他因为苛求自己，最终并没有给老师交标语，那么这个任务就彻底失败。反之，他写了很多完整的标语，也从中挑了自己相对满意的交给老师，这才算完成任务。只有在完成任务的基础上，才能谈及是否完美。再比如，在考试过程中，有些孩子过于追求完美，对于自己做过的每一道题都再三检查，导致考试时间结束，试卷才做了一半，这能算是完美吗？只有在完成整张试卷的基础上，再用多出来的时间去检查重点的难题，从而争取取得最好的成绩，这才算是完美。脱离了完整的基础，完美只是水中月镜中花，也是一个遥不可及的梦。

父母要告诉孩子一个道理：没有最好，只有相对更好。当孩子不再盲目地追求完美，而是能够理性地面对现实，他们就会更加从容坦然，也避免了因为过度追求完美而拖延。父母还要告诉孩子，完美的基础是完整，没有完整，完美就是伪命题。此外，也有一些孩子很喜欢攀比，他们会和同学比表现、比分数。这样的横向比较虽然能够促使孩子进步，但也会让孩子自暴自弃。在孩子树立榜样和确定目标的时候，父母要引导孩子从自身的实际水平出发，为自己选择一个经过努力可以超越的目标，这样才能对孩子起到激励作用。反之，如果孩子不管多么努力都无法达到榜样的高度，那么他们就很有可能自暴自弃，从此陷入拖延和放弃的旋涡中无法自拔。真正合理的比较方式，是纵向比较，即把自己的今天与昨天相比较，看到自己有了进步，这就是值得认可和肯定的。这样积极合理的比较方式，能够让孩子始终满怀激情，充满动力，勇敢向前。成为更好的自己，这应该是每个孩子都坚持的目标！

坚持打卡，每天都离目标更近

因为滑轮滑，然然骨折了，需要打石膏，在床上躺三个月。妈妈为然然办理了休学，让然然在家里专心休养。除了最初几天骨折的地方很疼之外，然然并不觉得疼，每天躺在床上吃吃喝喝，看小说，玩游戏，看电视，日子过得很逍遥。三个月过去，然然终于可以下地了，却发现自己长胖了大一圈，变成了一个大胖子，脸和皮球一样圆。

然然一瘸一拐地走路，根本不可能跑步。如何才能恢复往日里能跑能跳的样子，也把三个月里长出来的这20多斤都减去呢？然然很发愁，甚至觉得自己以这样的形象没法去学校里复课，否则一定会被同学们嘲笑。于是爸爸为然然制订了周密的运动和健身计划，但是然然从来都没有按照计划去做过，只是发愁。尽管爸爸几次催促然然，也曾经生气地训斥然然要当即执行计划，但是然然说什么都不肯，每天都在找各种借口和理由拖延，爸爸也无计可施了。

爸爸把计划拿给专业的医生朋友看，朋友说："孩子三个月没下地，走路都会害怕，你的计划运动强度太大，也太急于求成。不如换一个思路，每天坚持做一点点，等到帮助孩子战胜恐惧心理，再循序渐进地加大运动量。"爸爸觉得朋友说得很有道理，因此为然然调整了计划。要求然然每天只需要步行10分钟，速度自己把握，可快可慢。然然觉得这个是可以实现的目标，不那么抵触，因而慢慢地在家里走。一个星期之后，然然走得越来越好，便开始把走路的时间换到室外，并且常常走20多分钟。看到然然主动加大了运动量，爸爸很开心，大力表扬然然。

后来，爸爸征求医生的意见，开始带着然然慢跑。然然家就挨着一所大学，所以爸爸每天陪着然然去大学操场跑步。一开始，然然只能连走带跑地绕操场一圈。坚持了一段时间之后，他从一圈到两圈、三圈、四圈……运动让然然的腿部力量增强，也让然然的肺活量增强。最后，然然可以轻松地跑到十圈。在此过程中，他每天都会坚持运动，风雨无阻，从来没有因为任何原因而取消运动。一年下来，然然的体质反而变得比骨折之前更好，力量也有所增强。

面对爸爸近乎完美的计划，然然因为恐惧而抵触，采取拖延的方式迟迟不愿意执行计划。幸好爸爸征求了专业的医生朋友的意见，调整了计划，最终然然才会通过锻炼恢复如常。在整个康复计划中，关键在于每天都坚持打卡，按照循序渐进的原则，最终不但完成了看似不可能完成的任务，而且还超额完成了任务。这既战胜了拖延，也获得了很大的成功。

近几年来，网络上出现很多"网红打卡地"，意思就是旅游达人来到该地旅游，都会到打卡地打卡。渐渐地，打卡变成了坚持的代名词，对于那些需要长期坚持去做的事情，人们都以打卡作为目标。其实，这与运动员山田本一跑马拉松的过程很有异曲同工之妙。通常情况下，对于一个很远大的目标，人们往往很难坚持，而对于一个稍微努力就能达到的目标，人们更容易做到。看起来，这个目标很小，但是当我们一个又一个地实现所有的目标，就可以达到很高的高度。这就是打卡的神奇魔力。

面对艰巨的任务，孩子们产生畏难心理很正常，采取拖延的方式逃避也在情理之中。当发现孩子拖延是因为畏难时，父母不要一味地指责和批评孩子，而是要给予孩子更多的尊重和理解。科学家经过研究发现，人们需要至少 21 天才能初步养成一个习惯，对于孩子来说，如果这个习惯带有挑战性，那么养成习惯将会更难。那为何不降低任务的难度，让孩子从不排除不抗拒的状态开始养成习惯呢？习惯一旦养成，一切都会水到渠成。

古人云，不积跬步，无以至千里，不积小流，无以成江海。孩子的成长更是如此，只有坚持每天都有小小的进步，孩子最终才能获得大的进步；只有坚持每天都能做该做的事情，孩子最终才能从量变到质变，获得质的飞跃。当然，打卡未必要去网红圣地，针对需要完成的艰巨任务，打卡可以确定为不同的地方。例如，跑步的要去操场打卡，写书的既可以在网站打卡，也可以去朋友圈打卡，坚持减肥的可以在减肥群里打卡。不管采取哪种形式的打卡，都是在督促自己坚持进步，只要能收到好的效果就可以。当然，对于青春期的孩子来说，则可以把自己每天的动态发布在朋友圈，或者找一个本子记录下来，这都是约束和管理自己的好方法。

第四章
自理自立自强,没有人可以代替你成长

　　天下所有父母都希望孩子自理自立自强,尤其是在看到孩子拖延的时候,心急如焚的他们更是迫不及待地代替孩子去做,还为自己做得比孩子更好而沾沾自喜。殊不知,这样代替孩子去做的行为是要不得的,毕竟,父母虽然可以代替孩子做很多事情,却不能代替孩子成长。如果父母总是对孩子的各种事情全权包办,那么渐渐地,孩子的依赖性就会越来越强,遇到事情只会等待父母伸出援手,自己根本不愿意开动脑筋并采取行动,去切实有效地解决问题。切记,父母不能代替孩子一辈子。

好妈妈首先是"懒妈妈"

在园园心里,妈妈是个不折不扣的"懒妈妈"。例如,园园想让妈妈帮她削铅笔,妈妈说:"自己的事情自己做";园园想让妈妈早起为她做早饭,妈妈说:"你已经是大姑娘了,自己可以准备简单的早餐";园园想让妈妈帮她抄写试卷上的题目,节省她做作业的时间,妈妈说:"你自己抄题目,还能加深对题目的理解呢"……总而言之,除开那些有危险的事情,其他的事情妈妈总是让园园自己动手,丰衣足食。园园常常说妈妈"懒惰",但是在整个班级里,她的自理能力是最强的,所以理所当然地成为生活委员,负责协助老师,安排同学们的饮食起居。

和园园相比,彤彤恰恰相反,彤彤是班级里最娇滴滴的女孩。刚刚升入初中开始住校的那段时间,彤彤总是有各种各样的问题:不会洗衣服,不会叠被子,不能自己梳头,不知道如何剥鸡蛋……看着什么都不会的彤彤,园园无奈地直摇头。这不,学校里要开展文明宿舍评比,第一项就是卫生必须达标。作为宿舍的舍长,园园要求大家把个人卫生搞好,然后再进行大扫除,眼看舍友们都已经开动了,彤彤却拿着一包脏衣服手足无措地站在那里。园园看着彤彤无助的样子,说:"彤彤,你这么多脏衣服,赶紧去洗啊!"彤彤满脸通红:"我没有洗衣液。"园园把自己的洗衣液拿给彤彤,彤彤又说:"我不会洗啊,怎么洗?在家里,都是妈妈帮我洗衣服。"

园园难以置信地看着彤彤:"现在可是夏天,衣服很单薄,好洗。你要是把这堆衣服积攒到周末带回家,宿舍里还不得又酸又臭,把前来检查的老师都熏倒啊!"虽然园园好几次催促彤彤洗衣服,还慷慨地贡献出了自己的洗衣液,但是彤彤最终还是没有动手洗,而是让妈妈特意来学校把脏衣服拿走了。

夏天的衣服被汗液湿透,再加上高温,很容易就会发出酸味。要想全宿舍齐心协力,争当文明标兵,把这么多脏衣服放在宿舍里可不行。但是,彤彤从小习惯了衣来伸手、饭来张口,最终,她还是没有自己洗衣服,而是让妈妈特意来学校把脏衣服拿走,以免影响宿舍在评比中的整体得分。

很多妈妈都会发现,在家庭生活中,她们不知不觉间就变成了所有人的大家长,不仅孩子依赖妈妈,就连爸爸也会依赖妈妈。这或许是因为妈妈太能干,又或许是因为妈妈已经习惯了全权包办。其实,家庭生活的家务事都依赖妈妈来完成的状态不管是对于婚姻生活中的另一方,还是对于孩子来说,都是很糟糕的坏习惯。人都想偷懒,对于那些非做不可的事情,如果能够当机立断去做,就会具有很强的执行力。如果不能当即展开行动去做,而是把希望寄托在他人身上,那么当下次再遇到类似的事情时,依然会选择拖延和等待。

现实生活中,有很多孩子会被称为妈宝、爸宝,就是因为爸爸妈妈包办得太多了。尤其是妈宝更多,这是因为在家庭生活中,妈妈往往会把生活的重心放在家庭上,也会对孩子更加无微不至。要想改变亲子之间这种糟糕的相处模式,就要从以下几点做起。

作为妈妈,要反思自己的行为模式。很多孩子,之所以对于妈妈的话无动于衷,既不理睬,也不去做,就这样拖延着,是因为他们很清楚即使自己不做,接下来妈妈也会代替他们去做。在这种情况下,孩子怎么可能有当即行动的动力呢?所以妈妈要反思自己的行为模式,不要给孩子留下刻板的印象,更不要让孩子相信妈妈一定会代替他去做。必要的时候,要让孩子为自己的拖延付出代价，这样他们未来就不会随随便便拖延了。

妈妈要改变焦虑的心态，耐心陪伴孩子成长。很多妈妈都会抱怨孩子什么都不会做，其实，如果妈妈从来不给孩子去尝试做事情的机会，孩子当然永远也不会做。妈妈不能以爱的名义剥夺孩子尝试的机会和权利，而是要认清楚一个道理——不经历无以成经验，对于孩子而言更是如此。很多事情，父母的经验并不能代替孩子的经历，俗话说，不撞南墙不回头，是该让孩子有撞撞南墙的时候了。当然，妈妈不要过度焦虑，更不要试图保护孩子不受任何伤害，受伤是成长的代价，也是成长的契机。

学会放手。孩子之所以出现妈宝型拖延，就是因为妈妈对孩子不放心、不信任。妈妈应该调整心态，相信孩子会处理好很多事情，而不要总是以怀疑的目光看孩子，也不要对孩子的一切决定和举动都采取否定和质疑的态度。有些时候，妈妈哪怕预见到孩子的选择缺乏理性，也不要阻止孩子，只要结果在孩子可以承受的范围内，何不让孩子有更丰富的人生阅历呢？

培养孩子良好的生活习惯。很多孩子是马虎大王，对于自己前一刻还用过的书本、笔等东西，他们很快就会放到未知的地方，自己却不去寻找，而是吆喝着问妈妈："妈妈，我的笔呢，我的本子呢，我的书呢？"看到孩子发出求救，大多数妈妈都会当即放下手里的事情，为孩子四处寻找，其实，妈妈不可能一直陪在孩子的身边，当孩子的贴身秘书，要想有效改善这种情况，就要培养孩子把用完的东西物归原处的好习惯。这样一来，孩子才会渐渐地摆脱对妈妈的依赖，有更强的自理能力。

总而言之，孩子的成长离不开妈妈无微不至的照顾，但是孩子成长的过程恰恰是自身能力不断增强，渐渐地走向独立，远离妈妈庇护的过程。作为妈妈，要认识到成长的本质，不要因为孩子与自己渐行渐远就感到失落和焦虑，而是要为孩子获得成长而开心。从某种意义上来说，妈妈一直辛苦地哺育孩子，培养孩子，恰恰是为了让孩子有朝一日可以离开妈妈的身边，独立自强地生活。那么，就从帮助孩子戒掉拖延这件小事情开始做起吧！

给孩子选择的空间

没有经过小怪的同意，妈妈就给小怪报名了作文培训班。原本，小怪在周末就要上语数外三门课程，还要完成学校的作业，现在，小怪的时间又被挤压出去两个小时，用于上作文课，这还不算去上课来回路上要花费的时间呢！小怪很生气，对妈妈很不满。

周末到了，早晨起床，小怪磨磨蹭蹭的，和平时周末迫不及待想起床去运动场的状态截然不同。妈妈还以为小怪生病了呢，后来想起来，小怪没有时间去运动场，而是要去参加作文培训，不由得恍然大悟。妈妈问："小怪，你想消极怠工吗？"小怪对妈妈的话很抵触："我有这个权利吗？"妈妈调侃道："你现在就在做啊！"小怪忍不住吐了下舌头："但是，我并不能改变什么。"听到小怪这句话，看着小怪磨磨蹭蹭的样子，妈妈突然有些愧疚："对不起，小怪，我没有事先征求你的意见，这是我的错误，我向你道歉。不过，妈妈都是为了你好，你看看，你每次写作文都要扣七八分，如果能够提升作文水平，扣三四分，那么你的语文成绩就会提高三四分，这可是巨大的进步啊！"

看到妈妈言辞恳切，小怪没有那么生气了，发自肺腑地对妈妈说："妈妈，我也知道我作文不好，我也很愿意提升作文。不过，我每周只有周六上午可以去运动场玩半天，你现在把这个时间也占用了，我总不能夜里去运动吧？如果能把上作文课的时间调整到晚上，我会更乐意。"小怪的话让妈妈恍然大悟，她当即说："这样吧，这次你先去上，下一次课之前，我问问老师能不能调整。那么，你现在可以把动作加快一些，不要第一次去上课就迟到了，好吗？"小怪笑起来，点点头，开开心心地去上课了。

俗话说，知子莫若母。看到小怪磨磨蹭蹭不愿意起床，妈妈就知道小怪是在抵触上作文课，他不敢直接说出不上课的愿望，就只能采取拖延的方式来无声地反抗。妈妈也意识到自己没有经过小怪的同意就为小怪报名参加作文培训课，的确不对，为此真心诚意地向小怪道歉了，由此解开了小怪的心结，也与小怪之间达成了谅解。

小怪的拖延，就是典型的选择性拖延。他不敢违抗妈妈的安排，就只能以拖延的方式消极怠工，但是他本身并不是一个喜欢拖延的人，例如去运动场上锻炼时，他就能非常积极地早起。为了避免孩子出现选择性拖延，最好的方法不是强迫孩子，剥夺孩子选择的权力，要求孩子必须按照父母所说的去做，而是恰恰相反，要给孩子选择的自由，这样让孩子心甘情愿地做出选择，而且他们总不至于对自己的决定和选择消极怠工吧？所以面对孩子的选择性拖延，聪明的父母会反其道而行，不仅放松对于孩子的管束，而且给予孩子更为广阔自由的空间。

有些孩子的人生之路，注定从一出生就已经铺垫好了，他们只需要沿着这条既定的道路不停地往前走即可，无须多想。乍看起来，这样的人生貌似很好，无须多操心，无须费力拼搏，轻轻松松就能得到他人梦寐以求的一切。而仔细地想一想，又会觉得这样的人生枯燥乏味，令人兴致索然。

人生之所以对人充满了吸引力，不是因为它的五彩斑斓，百般滋味，而是因为它是不可预期的，充满了未知。偏偏有太多的父母都希望为孩子安排好一切，因为他们害怕孩子做出错误的选择，使人生走很多弯路。他们也害怕孩子不能主宰和驾驭自我，从而走上错误道路无法回头，而人生恰恰是不可重来的，一旦犯了错误，未必有机会更改。难道为此，父母就可以剥夺孩子独立思考与自主选择的权利吗？当然不是。孩子虽然因着父母才来到这个世界上，但是他们既不是父母的附属品，也不是父母的私有物，每一个孩子都是独立的生命个体，他们渴望拥有自己的人生，也渴望活出独属于自己的精彩。

  从另一个角度来说，当父母习惯于代替孩子做出选择，等到孩子不断成长，必须自己面对选择时，他们就会因为害怕承担责任，因为结果不可预期，而在心中忐忑不安，只想逃避，只想拖延。这也是很多成人拖延的原因——选择性拖延，对于自己喜欢做的事情，很积极主动地去做，对于自己不喜欢做或者感到害怕的事情，就无限度地拖延下去。选择性拖延一个最显著的特点就是，拖延并非无一例外地发生，而是有选择地发生。因而对于选择性拖延的孩子，显然不能用拖延成性来形容。与无形中陷入拖延怪圈的人相比，他们更像是在有意识地拖延。

困难如山，却禁不起你的蚕食

初二的暑假，是舟舟有史以来最不想过的暑假，原本，他还对暑假满怀憧憬呢，而当听到各科老师布置的作业，他原本火热的心瞬间变得哇凉哇凉的。原来，作业实在是太多了，如果把所有作业堆起来，一定会像一座小山一样。各科老师在布置作业的时候，说辞都仿佛提前统一了：初二的暑假，是你们整个初中生涯中的最后一个暑假，这个暑假如何过，也许将会决定你们初三毕业能不能考上高中，以及能考上重点高中还是普通高中。所以不要觉得暑假是用来休息的，尤其是这个暑假，就是弯道超车的好时机。既然老师都这么说了，孩子们还能怎么样呢，除了唉声叹气迎接这个累脱皮的暑假之外，别无选择。

回到家里，妈妈看到舟舟愁眉不展、满脸沮丧的样子，还以为舟舟期末考试的成绩不理想呢，仔细询问之下，才知道舟舟原来是发愁作业多。已经放假三天了，舟舟还没有开始写作业，妈妈原本是想给舟舟时间过渡，现在看来，妈妈必须切实给舟舟做思想工作了。妈妈试探着问舟舟："舟舟，我记得你说作业很多，你怎么还没有开始写呢？"舟舟回答："我只是想假装几天没作业而已。"妈妈被舟舟的话逗乐了，忍不住笑着说："舟舟，你这可是自欺欺人啊。作业再多，也是可以完成的，因为作业是定量的，而且暑假的时间很长。你可以制订计划把作业任务分解，每天完成一定量的作业,再留出机动的时间、休息的时间,也许不知不觉间就能完成作业。"舟舟皱起眉头:"但是,作业真的很多,想一想就发愁。"妈妈说:"除了制订计划的时候,其余时间你无须把所有的作业都压在心上。只要制订完计划,你只需要想着当天的任务,这样就没有那么畏惧,也就不会拖延了,好吗?"舟舟觉得妈妈说的很有道理,因而说:"好的,那我就试一试吧!"

舟舟按照妈妈说的去做,制订完计划后,每天只要求自己完成当天的学习任务,渐渐地养成了良好的作业习惯,有的时候学习状态很好,他还会完成比额定任务更多的作业,最后他居然提前十天完成了所有的作业。他惊喜地告诉妈妈:"妈妈,原来我真的可以做到,而且并不像想象中那么累呢!"妈妈趁热打铁,教育舟舟:"看看吧,我就说再大的困难都可以战胜。最重要的是我们要有一颗勇敢的心,也要做出实实在在的行动。自然界中只有两种动物可以到达金字塔顶端,一个是老鹰,一个是蜗牛。你知道蜗牛为何能到达金字塔的顶端吗?"舟舟若有所思,说:"蜗牛虽然爬得很慢,但是它一直在爬。"

老鹰可以展翅高飞,但是如果它始终停留在原地,就不可能到达金字塔的顶端。蜗牛呢,虽然爬得很慢,但是只要始终坚持向上爬,甚至可以到达绝大多数动物都不可能到达的金字塔顶部。很多事情,结果并不是注定的,而是取决于我们面对事情的态度。当孩子出现畏难的情绪时,父母要端正态度,坚持正能量,给予孩子积极有力的引导。

孩子的畏难情绪很重,这是因为他们的力量和能力都是有限的。尤其是在面对看似难以完成的艰巨任务或者看似无法战胜的巨大困难时,孩子们更是会本能地选择拖延、选择逃避。然而,不管是拖延还是逃避,都不可能解决问题,要真正地解决问题,归根结底要切实展开行动去做。面对堆积如山的作业,孩子们一旦坚持去做,哪怕每天只能完成很少量,日积月累也会完成所有的作业。要想战胜困难，只是发愁或者放弃，是不可能让现状有所改变的。正确的做法是在经过深思熟虑之后，拼尽自己的力量去做到最好，这样才能推动事情不断地向前发展，这样一来，说不定事情的实际情况就会有所改变，一切横亘在眼前的难题就会迎刃而解呢？

　　每一项任务都可以进行分解，就像人们常说的，罗马不是一天建成的，胖子也不是一口吃成的。在龟兔赛跑中，兔子跑得那么快，乌龟爬得那么慢，但是最终乌龟战胜了兔子，就是因为在兔子躺在树底下睡觉的时候，它依然在坚持不懈地往前爬。在哲学领域，有一个定律，即量变引起质变。当孩子坚持进行量的积累，天长日久，就必然引起质的变化。前文说过，在现实之中，很多事情是必须面对的，与其拖延而暂时逃避，不如当机立断勇敢面对，这样才能主动对困难发起攻势，也增大取得胜算的可能！

避免过度安排孩子

暑假到来，佳佳一直盼望着能去奶奶家里住上一段时间。然而，爸爸妈妈工作都很忙，没有时间送她去奶奶家，而奶奶年纪也大了，不能过来接佳佳。这可怎么办呢？思来想去，佳佳对妈妈说："妈妈，要不我自己去奶奶家吧，你把我送上火车就行，到了奶奶家，可以让大伯过去接我下，好吗？"听到佳佳这个提议，爸爸当即表示同意："这很好啊，你都上初二了，是个大姑娘了，一定能行！"妈妈却担心地看着佳佳："到奶奶家要坐十几个小时的火车呢，我可不放心！"佳佳安抚妈妈："妈妈，我可以的，我现在长得比你还高呢，没有人敢打我的主意！"妈妈还是忧心忡忡，说："等放假了再说吧，看情况再定！"

距离放假还有十天的时间，佳佳越来越盼望着放假自己回奶奶家，妈妈也越来越紧张和担心。每天，她都会提醒佳佳各种事情，诸如不要和陌生人说话，不要告诉别人自己的年纪等隐私的信息，更不要透露自己是一个人出门的。有一天，妈妈从单位下班回家，紧张兮兮地告诉佳佳："佳佳，你知道吗，我今天看了一个新闻特别可怕。有个大学生女孩自己坐火车，居然被一个人贩子卖到了穷山沟里，太可怕了！"佳佳听了之后，埋怨妈妈："妈妈，你别再说了，你再说，我都不敢自己坐火车了。"妈妈说："你本来就不该自己坐火车啊，都是爸爸没有安全意识，才会赞成你的主张。要不，你别去奶奶家了，在我们身边过暑假，多好！"佳佳为难地摇摇头："去年，我就和奶奶邻居家的姐姐说好，今年暑假去找她玩的。"

暑假终于到来了，在爸爸的劝说下，妈妈意识到早早锻炼佳佳并没有坏处，又因为爸爸给佳佳做了安全教育工作，所以妈妈终于放下心来。然而，暑假都过去一个星期了，佳佳并没有如同自己此前所期盼的那样，一放假就去奶奶家，而是每天都在拖延，不愿意启程。原来，佳佳被妈妈的千叮咛万嘱咐说得很害怕，所以不敢独自坐火车了。无奈，妈妈只好请了几天假，亲自把佳佳送回奶奶家。

俗话说，初生牛犊不怕虎，孩子也是如此。因为缺乏安全意识，也因为没有经历过各种糟糕的事情，所以孩子总是傻大胆，根本不会意识到潜藏着的危险。当然，父母是有责任和义务保护好孩子的，但是要适度。事例中的妈妈，提前十天得知佳佳想独自坐火车回家，就对佳佳千叮咛万嘱咐，结果使佳佳感到很害怕，自觉地打消了独自坐火车的念头。孩子的成长就是独立化的进程，对于孩子的成长，妈妈应该学会适度放手，而不要总是威胁和恐吓孩子，让孩子只敢围在父母的身边转。当然，作为妈妈，担心孩子的安全问题无可厚非，这种情况下可以对孩子进行安全教育，测试孩子保障自我安全的能力，必要时，还可以在孩子不知情的情况下，把孩子放在可控的危险环境中，看看孩子能否正确应对。

孩子终究会长大，离开父母的身边，走向独立。父母一味地把孩子捆绑在身边，这也不允许孩子去做，那也不允许孩子去做，渐渐地，孩子只会缩手缩脚，变得越来越胆小，越来越怯懦。很多孩子之所以拖延，就是因为他们的内心充满了恐惧，对于自己的力量缺乏正确的认知，对于自己的成长也没有明确的规划。这样的孩子就像温室里的花朵，经不起任何风吹雨打，更经不起现实之中各种不期而至的残酷考验。

为了避免孩子缩手缩脚，胆小畏缩，父母要避免对孩子过度安排。适度提示孩子危险的存在是很有必要的，对孩子进行系统的安全教育也是必不可少的，但是没有必要草木皆兵，让孩子觉得外界充满了危险，这样会让孩子丧失勇气，也会让孩子故步自封。父母即使再爱孩子，也不可能陪伴孩子一辈子。明智的父母爱孩子的初衷，就是让孩子从依赖父母，渐渐地走向独立，也从宠溺孩子，到让孩子变得越来越强大。

实际上，孩子的独立并不是从青春期开始的。早在上幼儿园时期，孩子就要经历精神断乳，这正是培养孩子独立性的最好时机。很多父母看到孩子上幼儿园哭闹不已，往往会心软，不忍心直接离开，甚至还有父母看到孩子撕心裂肺的样子，自己哭得比孩子更厉害。这对于帮助孩子尽快适应幼儿园生活是很不利的，父母要端正心态，理性地爱孩子，成为孩子最好的陪伴者和引导者。

当孩子进入青春期，他们已经长大了，有些青春期的孩子比父母更高更强壮。随着不断地学习，积累了更多的生活经验，他们也渐渐地走向成熟，也因为对外部世界的了解日益加深，而对外界越来越好奇，很愿意主动尝试一些接触陌生世界的事情。在这种情况下，父母要把各种潜藏的危险告诉孩子，对孩子进行安全教育，而不要因为害怕危险就封闭孩子的世界，缩小孩子活动的范围。否则，孩子将来如何能够拥有广阔的人生天地呢？父母的格局，既决定了孩子在成长的道路上能够达到的高度，也决定了孩子将会拥有怎样的未来！

遇到问题，让孩子独立思考

整个小学阶段，作为老师的妈妈从来没有辅导过乐乐的功课。进入初中阶段，乐乐写作文越来越吃力，妈妈决定发挥自己作为语文老师的特长，辅导乐乐写作文。在妈妈的悉心指导下，乐乐的作文写得很好，还得到老师的表扬了呢！所以之后每次需要写作文，乐乐都会主动询问妈妈，妈妈也很乐于为乐乐出主意，告诉乐乐在作文中应该写些什么事情，又应该怎样谋篇布局。渐渐地，乐乐对妈妈的依赖性越来越强，往往在接到写作文的学习任务后，第一时间就问妈妈。爸爸渐渐发现了端倪，对乐乐说："以后写作文，一定要自己想，不要总是问妈妈。等到考试的时候，难道妈妈也能跟着你一起进考场吗？"乐乐对爸爸说的话不以为意，妈妈也自认为是在启迪乐乐的思路。

果然，在期末考试中，乐乐遇到了一个从未见过的作文题目，他审题浪费了很长时间，而且立意错误，导致严重跑题，被扣掉了十分！看到语文成绩有史以来从未有过地差，乐乐很失落，也很沮丧。这个时候，妈妈才意识到自己给乐乐讲解作文题目太过详细了，所以才导致乐乐渐渐地失去独立思考的能力，考试的时候看到作文题目就开始拖延，最终也没有把作文写好。从此之后，妈妈不会直接给乐乐讲解作文题目，而是要求乐乐先针对作文题目进行深入的思考，然后妈妈再对乐乐进行指点。渐渐地，乐乐的思维越来越灵活，思考越来越深入，终于可以摆脱妈妈的指导独立思考，即使没有妈妈的帮助，也能把作文写得很好了。

孩子的依赖性是很强的，尤其是在有可靠的人可以依赖时，他们更是懒得动手，懒得动脑。毫无疑问，父母就是孩子在这个世界上最信任和最值得依赖的人，所以父母一旦代替孩子开动脑筋，孩子就会非常依赖父母，导致更不愿意进行独立思考，更不可能形成独立思考的好习惯。

对于每个人而言，独立思考都是必须具备的品质，将会对人的一生产生重要的影响。孩子只有具备独立思考的能力，形成独立思考的好习惯，才会拥有更加缜密的思维，也才能拓宽视野，看到别人目之不能及、心之不能到的地方。这对于孩子的成长以及未来的人生，都将起到巨大的助力作用。

要想培养孩子独立思考的能力，帮助孩子养成独立思考的好习惯，父母还要学会以正确的方式辅导孩子写作业。在日常的学习生活中，孩子难免会遇到各种困难，也常常向父母求助。对于孩子无法独立完成的作业，有些父母为了省事，会直接告诉孩子答案，这是教育的大忌。人人都有趋利避害的本能，孩子更是想节省点儿脑力，得到现成的答案。父母这样的做法恰恰迎合了孩子偷懒的心理，当父母第一次这样直截了当告诉孩子答案之后，孩子再遇到难题，又会马上不假思索地向父母求助。长此以往，孩子哪里还有动力开动脑筋冥思苦想呢？明智的父母不会直接告诉孩子答案，而是先引导孩子进行思考，哪怕孩子最终不能想出答案，父母也会激励孩子利用已知的各种条件，一步一步地向前推导。在此过程中，孩子哪怕做错了也没关系，因为失败恰恰是经验最好的来源。当然，如果孩子能够凭着自己的思考想到正确的解题步骤，得到正确的答案，那么他们就会获得巨大的成就感。这能够帮助孩子树立自信心，对于孩子的成长是很有好处的。

独立思考的能力并非与生俱来的，也不是朝夕之间就能形成的。父母既要有耐心引导孩子坚持思考，深入思考，也要有耐心启迪孩子的思维，激发孩子的灵感。如果孩子从小就养成了独立思考的好习惯，遇到任何问题也都想通过自己的努力去解决，那么在长大成人之后，他们的内心会变得越来越强大，他们会真正驾驭自己，也会拥有出彩的人生！

让孩子承担家务劳动

乐乐正在读初一，他身高180厘米，体重75公斤，是个不折不扣的壮小伙。和爸爸站在一起，乐乐甚至比爸爸还要威猛一些。然而，长到这么大，乐乐还从来都没有做过家务呢！妈妈决定，新学期新气象，既然乐乐在学习上进入了初中阶段，那么在生活中，也应该有崭新的面貌。妈妈决定改变家庭的分工现状，以前，都是妈妈负责所有的家务，爸爸负责上班，乐乐负责学习。现在，妈妈开了家庭会议，宣告："以后，每个人都要承担家务劳动，爸爸上班，每天晚上回家负责刷碗；乐乐上学，每天晚上负责用吸尘器清洁地面。到了周末大扫除的时候，乐乐负责拖地、吸地，爸爸负责擦玻璃，妈妈负责整理家务，洗衣服。"对此，乐乐极不乐意地噘起嘴巴："上了初中，我的学习任务越来越重，怎么还让我做家务呢？我做作业的时间都很紧张！"

听到乐乐的话，爸爸赶紧纠正乐乐的错误思想："乐乐同学，上了初中，学习任务的确变重了。但是这并不意味着你在生活方面不需要成长。你看，这么长时间以来，一直都是妈妈在照顾咱们俩，所以咱们俩在生活方面都很低能。尤其是你，每天早晨起床后和每天晚上睡觉前，只处理自己的事情都磨磨蹭蹭、拖拖拉拉，这也是你几次迟到的根本原因。如果能够养成做家务的好习惯，我们不管做什么事情都会更加迅速，像妈妈一样雷厉风行，效率很高。"爸爸说得有道理，乐乐无言以对，妈妈补充道："初中三年转瞬即逝，你很快就要上高中，上高中就要住校，你不希望自己的内务被同学们嘲笑吧？你不想因为处理内务耽误正常的学习吧？那就从现在开始，还有时间慢慢练习和适应。"

一开始，乐乐做妈妈安排的家务活儿很生疏，做得又慢又不好。但是爸爸妈妈从来没有责怪乐乐，而是一直认可乐乐，鼓励乐乐。渐渐地，乐乐做得越来越好，终于可以达到妈妈满意的水平了，与此同时，他做起活儿来也更加利索，而且又快又好，这正是爸爸妈妈想要实现的目标啊！

很多父母都不知道，在做家务和培养孩子独立自主，进而帮助孩子戒掉拖延之间有何关系。其实，这三者之间的关系很大。当孩子缺乏自主能力，总是过于依赖父母时，那么他们在行为上会变得迟疑不定，在精神上也会产生很强的依赖性，渐渐地就会拖延，遇到任何事情都只想得到父母的帮助，甚至让父母全权代劳。长此以往，孩子既会丧失自信心，也会拖延成性。教会孩子做家务，让孩子养成做家务的好习惯，他们会越来越自立，而且会形成主人翁意识，主动地收拾家里的卫生，也主动地加快速度，提升做家务的效率。

如今，大多数家庭里都只有一个孩子，既有父母，还有爷爷奶奶和姥姥姥爷，孩子是真正的掌上明珠，被捧在手里，含在嘴里。哪怕孩子愿意做家务，很想尝试，父母也会制止，一则是父母舍不得孩子出力，二则是父母担心孩子做不好，反而给他们添麻烦。然而，谁的成长不是循序渐进地进行的？对于一件略有难度的家务事，例如做饭，如果父母对孩子及时放手，孩子就会做得更好。如果父母总是不给孩子机会去做，孩子就真的一直不会做，哪怕长大了，也不能做到照顾好自己的胃。当然，父母培养孩子做家务的能力不要急于求成，例如，教一个12岁的孩子做简单的饭菜是可行的，但如果教一个五六岁的孩子做简单的饭菜，则超出了孩子的能力范围，还有可能给孩子带来很大的危险。所以父母切勿从一个极端走向另一个极端，既不要舍不得对孩子放手，也不要急于求成，对孩子提出超前的、过高的要求。父母对孩子的培养，应该符合孩子的能力，这样才能避免揠苗助长，而是真正有效地促进孩子成长和进步。

此外，对于孩子而言，当他们学会做家务，能够为父母分担家务，也能够更好地照顾自己时，他们会产生很大的成就感。看着整齐的房间，看着干净的地面，看着窗明几净的家，他们也从什么都不会的小屁孩，变成了多面手，甚至是全能手，成为爸爸妈妈称职的小帮手。看到这里，父母一定会无限憧憬，希望自己的孩子未来真的能够如此，如果是这样，那就从现在开始给予孩子更多的机会去亲自尝试，也给予孩子更大的空间放开手脚，去做好更多的事情吧！

给孩子自主交友的自由

最近，乐乐和同班同学然然走得很近，不但在学校里很愿意和然然一起玩，即使到了周末，也会和然然相约着一起写作业，或者出去玩。

周六，乐乐又在收拾书包准备去找然然，妈妈问乐乐："然然学习好不好？"乐乐思忖片刻，说："然然学习不是很好，所以他的爸爸妈妈邀请我经常去他家，和然然一起写作业，这样然然有不会的题目就可以问我。"听完乐乐的回答，妈妈忍不住皱起眉头："你去和然然一起写作业，就是为了给然然答疑解惑？"乐乐点点头，得意地说："对啊，然然爸爸妈妈都称呼我为'小老师'呢，每次开门看到我，都很热情地说'欢迎欢迎，小老师来啦！'"妈妈撇了撇嘴："你去当然然的小老师，那么你遇到不会做的题目，能问然然吗？"乐乐显然没有想过这个问题，一下子愣住了，想了一会儿才说："我不会的题目，然然就更不会了！"妈妈忍不住责问乐乐："然然和你走得近，是因为可以问你难题，那么你和然然走得近图什么呢？然然又不能给你解答题目，你可真是傻呀！"乐乐不同意妈妈的观点："我和然然是好朋友啊！我相信如果然然学习比我好，他也会愿意帮我的！"妈妈坚持自己的观点："你就是被人利用了，还乐滋滋的呢！现在学习这么紧张，自己都顾不上，怎么有余力去帮助他人呢？就算你真的想交朋友，你也要和然然一样，与比自己强的同学交往，这样还可以问问题目，在学习上取得进步呢！总之，你和然然保持距离，不要总是走得这么近了，咱们又不是义务劳动的！"

乐乐很不赞同妈妈的话，但是，他一时之间不知道如何说服妈妈，只好噘着嘴巴留在家里，一点儿都不开心。

要想培养孩子独立自主的个性，父母就要从各个方面给予孩子自由的空间。在前文中我们讲的是要培养孩子独立思考的能力，这里我们重点讲述的是，要给予孩子交友的自由。古人云，近朱者赤，近墨者黑。很多父母都把这句话理解到极致，他们觉得孩子要想学习进步，积极向上，就要结交比自己更优秀的朋友。反之，则只会拉低孩子的水平。其实，孩子的择友观是很单纯的，他们很少带着功利的目的去结识对自己成长有利的朋友，而只会根据喜好选择朋友。

交朋友更应该看重的是彼此的感受，作为父母，只要孩子不是与歪门邪道的人交往，就不要过度干涉孩子。父母可以给予孩子交友的建议，而不要命令或者强求孩子只能与哪个朋友相处，或要远离哪个朋友。真正的友谊既不能用金钱来衡量，也不能用名次、分数等衡量。尤其是对于青春期的孩子而言，他们很渴望得到朋友的陪伴和认可，父母即使能够怀着赤子之心与孩子交往，也无法代替同龄人对于孩子的陪伴。在与同龄人交往的过程中，孩子有机会向同龄人学习，也可以以同龄人为镜子，反思自己的行为，从而取得进步。

换一个角度来说，孩子终究要长大，要离开父母的保护融入外面的广阔世界，他们需要与各种各样的人相识、交往，这个时候，父母还能跟在身边为他们筛选朋友吗？还能火眼金睛地为他们辨识不同的人，避免他们受到伤害吗？这当然不可能。与其让孩子在长大之后不得不面对形形色色的人时感到手足无措，父母不如在孩子小时候，就有意识地放手，让孩子与不同的人相处。只有在同龄人的陪伴下，孩子才会感受到平等，也会觉得自己是独立的生命个体，因而形成独立性。

为了给孩子提供更多的结识同龄人的机会，除了鼓励孩子和同学相处之外，还可以借助丰富多彩的活动，例如夏令营、社会实践活动等，让孩子得到历练。当孩子们形成一个团队，面对突如其来的危机时，身边没有父母可以依赖，他们就只能集思广益地想出办法，解决问题。在这种情况下，孩子还有时间去拖延吗？他们只会积极地表现，也会开动脑筋为团体出谋划策，甚至立刻开展行动为团体贡献出属于自己的一份力量。

第五章
增强时间观念,提升时间管理能力

很多孩子的拖延都发生在无意之间,是因为时间不够用,他们才不得不拖延。要想彻底改变孩子拖延的表现,父母就要帮助孩子形成时间意识,增强时间观念,这样才能有效地提升孩子的时间管理能力,让他们能够主宰和驾驭时间,进而发挥时间的最大效用。

筛选待办事情，把时间用在刀刃上

"若曦，妈妈交代你的课外作业做完了吗？"若曦一头雾水地看着妈妈，只看若曦的表情，妈妈就知道若曦非但没有做完她交代的事情，而且连有作业这回事都忘了。妈妈不由得恼火起来，对着若曦叫嚷道："整个上午，你都在干什么？"若曦嗫嚅着对妈妈说："我在做家务，还洗头发了，还用吸尘器打扫卫生。是您让我要多多做家务活儿的。"妈妈感到啼笑皆非："是的，我是告诉过你，要多为妈妈分担家务，但是前提是你要完成该完成的事情，我可没有让你把作业都不做，然后只顾着打扫卫生。"若曦尽管为自己忘记作业而愧疚，但还是忍不住为自己辩解："上午的时间就这么多，我没有办法做所有的事情。"妈妈看到若曦为难的样子，控制住情绪，对若曦说："好吧，那我现在就告诉你，以后把作业排在第一位，然后才是其他事情，好吗？"若曦点点头。

后来有一次，若曦发烧了，还是坚持完成作业，妈妈让她喝水、吃水果，她都不愿意暂停写作业。妈妈语重心长地告诉若曦："若曦，身体是革命的本钱，任何时候，身体都要排在第一位。"若曦很困惑："但是，您之前告诉我，要先完成作业，作业是第一位的，排在所有事情的前面。"妈妈忍不住笑起来："傻丫头，那是在身体健康的前提下。如果学习和身体健康产生了冲突，例如现在你发烧了，需要补充水分，甚至需要输液，那么肯定要先放下学习，让身体尽快恢复健康。否则，你身体很不舒服，怎么能坚持学习呢？"听了妈妈的话，若曦若有所思。妈妈再次叮嘱若曦："时间是有限的，我们无法在同一个时间点做不同的事情，因而一心二用是做不好事情的。我们可以做的是，合理规划和充分利用时间。俗话说，好钢用在刀刃上，只有发挥时间的最大效用，才能创造时间的最大价值。"若曦放下作业，赶紧吃药休息，她说："妈妈，我头昏脑涨的，这样强撑着写作业效率很低，不如先养病，等到身体恢复健康，再提高效率补上落下的功课。"

原本妈妈安排若曦完成课外作业，但是若曦因为忙着做其他的事情，耽误了完成课外作业。妈妈认为，若曦这是在拖延时间，故意不做课外作业。实际上，若曦只是不能合理地安排和充分利用时间，导致把时间用于并不重要也不紧急的事情，因而本末倒置。后来，若曦即使生病发烧，也还在坚持写作业，然而这么做不但影响身体康复，而且效率低下。虽然把学习和完成作业放在了第一位，但是同样不能收到最好的效果。在妈妈的耐心劝说下，她才真正意识到孰轻孰重。

要想避免孩子抱怨没有时间，父母要做到以下几点。

首先，要教会孩子列出待办事项，然后再对待办事项进行筛选。每个人每天都有很多要做的事情，这还不包括那些突然发生且需要紧急处理的事情。但是，每个人的时间和精力都是有限的，如果说精力在耗尽之后还可以复原，那时间则不同。时间如同流水，一旦逝去，再也不可能回流。所以每个人都要珍惜时间，合理利用时间，才能真正地掌控人生。孩子虽然小，有很多的时间可以利用，但是在人生的不同阶段里，总是需要做不同的事情。例如孩子要为学习而努力，成人要为工作而打拼，只有在相应的阶段里完成该做的事情，人生才会更从容。

其次，当发现孩子经常抱怨时间不够用时，先不要忙于指责孩子不懂得利用时间，而是要先观察孩子把时间都用在了哪里。如果孩子的确在很努力地完成父母交代的事情，但是却不能如愿在计划的时间内完成，那么父母就要反省一下自己是否给予了孩子太多的学习任务，或者对孩子的时间安排过度。现在，有很多父母都望子成龙、望女成凤，为此每到周末的时候，他们总是会给孩子报名参加各种各样的补习班、培训班、兴趣班等，使孩子在周末的时候，却比平日里更加忙碌，从早晨起床到深夜回家，整个白天都在各种课程中疲于奔命。这样真的能收到良好的学习效果吗？孩子的成长有其自身的节奏，作为父母，一定要尊重孩子的节奏，也要给予孩子足够的空间去自由成长。所以在为孩子制订学习计划，安排学习活动时，父母要充分考虑孩子的身心发展特点，以及孩子能力水平的限制。

再次，摒弃那些毫无意义的事情，给自己的时间计划留白。进入青春期，孩子们对于时间的观念会越来越强，甚至不需要父母的督促，他们就会主动去计划时间。在此过程中，孩子们很容易进入一个误区，即他们会把时间安排得满满当当的，似乎有空闲的时间就是对于生命的辜负。殊不知，人生有很多种方式，每天忙得马不停蹄、脚不沾地是一种人生，每天都悠闲舒适地度过，也是一种人生。对于孩子来说，尤其需要停下来喘息的时间，所以父母切勿以一件接一件的事情的安排，让孩子感觉被压得喘不过气来。如果事情太多，而且又全是必须要做的事情，可以根据实际情况酌情代办。合理代办的事项并没有一定之规，而是因人而异，也因时因地而异。一件事情，在某些情况下是非做不可的，不能延误，换在其他情况下，又是不值一提的，不需要为了完成这件事情花费大量的时间和精力。所以要摒弃那些毫无意义的事情，虽然忙是一件好事情，但是一直忙碌并非人生最好的状态，有些时候，孩子们闲着反而可以进行深入的思考，也可以获得成长。对于那些无事可做的时间，不妨将其留白，这样既可以灵活机动地处理很多突发情况，也可以让孩子发发呆，拥抱慢节奏的生活。

最后，引导孩子形成时间管理的基本概念。所谓时间管理，直白地说，就是把时间用于做哪些事情。当面对这个问题时，父母和孩子之间很容易发生分歧，因为有时让父母觉得至关重要的那些事情，孩子很有可能觉得不值一提，相反，有时让孩子觉得比天更大的那些事情，父母可能又觉得无关紧要。其实，父母没有错，孩子也没有错，亲子之间之所以产生分歧，是因为成人和孩子对于生活的阅历、经验和感悟不同，所以对于同一件事情会有不同的判断。换言之，哪怕同样作为孩子或者同样作为成人，也会对同一件事情有不同的判断。父母作为亲子关系的主导者，要更加理解孩子，从而才能换位思考，引导孩子形成管理时间的基本概念。

人们常说，把时间用在哪里，哪里就会开花。这个道理不仅适用于成人，也同样适用于孩子。在这个世界上，时间是唯一对每个人都公平的东西，不管是面对古稀老人，还是年幼孩童；不管是面对大富豪，还是穷苦人，时间都嘀嘀嗒嗒向前走着，既不会早一分，也不会晚一秒。所以对于任何人来说，要想活成自己期望的样子，要想拥有自己想要的人生，就一定要成为时间的主人，合理地利用时间，充分掌控时间。

真正的时间管理，并不是在有限的时间里做无限的事情，而是要在有限的时间里做最有效率的事情，做到劳逸结合，做到可持续发展。对于孩子而言，要通过了解时间和管理自己的时间，形成端正的人生态度。

增强时间观念，充分利用时间

进入初中之后，原本就属于慢性子的乐乐，面对突然增多的作业，表现出极大的不适应。每天晚上，乐乐都要写作业到很晚，妈妈只好向其他家长了解班级里其他孩子完成作业的时间，然后她发现，问题的根源不在于老师布置作业太多，而在于乐乐写作业的速度太慢。为此，妈妈对乐乐进行了一系列提升作业效率的练习，例如为乐乐限定完成作业的时间，或者为乐乐规定必须在多长时间内完成多少作业。有的时候，妈妈还会制定赏罚措施，总的目的只有一个，那就是让乐乐又快又好地完成作业。经过一段时间的共同努力，乐乐完成作业的效率有了很大提升。

然而，好景不长，妈妈又发现了一个问题。虽然乐乐已经把完成作业的时间提前了一个小时，但是他完成作业后洗漱的时间却变得越来越长，所以睡觉依然要到11点半前后。因为睡眠严重不足，早晨起床依然哈欠连天，非常困倦。妈妈这才明白，原来乐乐需要的不仅仅是戒掉完成作业时表现出来的拖延，也需要戒掉生活习惯方面的拖延。

这天晚上，乐乐10点钟就完成了作业。然后他在马桶上坐了20多分钟，又花费了半个多小时洗澡，直到11点10分，才正式关灯睡觉。妈妈实在忍不住，对乐乐怒吼道："初中啊，时间这么宝贵，你一个大男生，需要在卫生间里耗费一个小时吗？就算是女孩子要去参加宴会，也用不了这么多的时间吧?"乐乐不以为然:"我就上了个厕所,洗了个澡,我又没有在厕所里玩!"妈妈说:"你的确没有在厕所里玩,但是你在厕所里耽误了太多时间。这只能说明你没有时间意识,以后,为了帮助你增强时间意识,要限定时间做一些事情,让你感觉到时间的流逝。"妈妈说做就做,很快就为乐乐购买了好几个小闹钟放在家里各个地方,还为乐乐购买了定时器,起到定时提醒的作用。果然,有几次乐乐都坐在马桶上,并没觉得时间过去了很久,定时器就响了。有了几次这样的经历之后,乐乐终于学会加速做各种日常小事,晚上写完作业后,在半个小时内就可以上床睡觉了。有了多出来的半个小时可以酣睡,乐乐的精神状态更饱满了,学习效率也更高了。

对于学习任务很重的初中生而言,最缺少的就是睡眠时间。如果为了学习不得不晚睡,那还情有可原,可如果把宝贵的时间浪费在磨蹭上,让入睡的时间拖延,则得不偿失。很多孩子都缺乏时间观念,这是因为孩子对于时间的感知原本就不如成人那么敏感,也是因为孩子本身的节奏很慢。当然,提升孩子对于时间的敏感度急不来,而是要有耐心,循序渐进。很多父母一味地催促孩子,扰乱了孩子内心的节奏,让孩子感到非常迷惘和无助,这是得不偿失的。

此外,父母还要注意一个细节,即时间给人的感觉是相对的。同样的半个小时,如果孩子是在面对作业中的难题抓耳挠腮中度过,那么时间就会过得很慢,如果孩子是用来专心投入地玩游戏,那么时间就会过得很快。在亲子相处中,很多孩子在被父母催促"游戏时间到"时,总是会遗憾地抱怨"啊,时间怎么过得那么快"。每当这时,父母不要强求孩子马上接受命令,而是可以选择一个很精准的计时器帮助孩子计时,然后在时间到了之后对孩子解释清楚为何有的时候时间过得很快,有的时候时间过得很慢。了解了时间给人带来的相对感受后,孩子更容易接受计时。

帮助孩子形成时间观念，提升对于时间的敏感度，还有一个好处。在学校里，每节课之间的休息时间是10分钟，很多低年级的孩子刚刚开始校园生活，往往一下课就冲出教室去疯玩，到了上课铃响了也没来得及去喝水、如厕，而是急急忙忙地踩着上课铃朝着教室狂奔。如此一来，他们根本没有时间去转换思路，从而不能很好地从玩耍的状态切换到学习的状态。相反，那些有时间观念的孩子则不会如此。他们对于10分钟有多长心中有数，因而会先做好必须做的事情，例如喝水、如厕，然后适度地玩几分钟，放松筋骨，放松精神，之后就提前一两分钟回到教室，准备好学习用具，迎接下一节课的到来。为了帮助孩子准确地感知时间，父母可以为孩子准备一块功能最简单的手表，让孩子下课之后随时看一看手表，渐渐地，孩子的时间观念就会越来越强。

最后，在日常生活中做各种事情的时候，父母也可以给孩子限定时间，也许一开始孩子无法完全遵守时间，但是随着训练的次数越来越多，孩子对于时间的观念越来越强，他们会在规定时间内完成必须完成的事情。必要的时候，还可以引导孩子反观自己做事情的效率，对比一下自己在一定比例的时间内完成了多少比例的事情，从而引导孩子来判断在接下来的时间里是加快速度，还是放缓速度。当然，有些孩子因为畏惧艰巨的任务，或者害怕失败，会有意识地拖延，在这种情况下，父母可以帮助孩子发挥想象力，想象自己在完成事情后会多么有成就感，孩子在这种感觉的激励下会从被父母监督和督促，到心甘情愿地主动去完成，这样一来，他们在掌控时间方面会有更加出色的表现。

让孩子为浪费时间付出代价

乐乐上初中了,妈妈很担心他不能适应初中的学习节奏,因而自从开学就密切关注乐乐的学习情况。前两个星期,乐乐表现得很好,晚上做作业时也是写得又快又好,经过询问老师,妈妈也了解到乐乐白天上课很认真专注。渐渐地,妈妈放松了警惕,在叮嘱乐乐一定要好好学习之后,就不再紧盯着乐乐的一举一动了。

这个周末,是开学之后的第三个周末。周五晚上,乐乐提出想放松一下,先不写作业,而是看会儿电视,玩会儿手机游戏。妈妈同意了。就这样,整个晚上乐乐都在看电视、玩游戏。次日因为困倦,直接呼呼大睡到10点多。妈妈原本想喊乐乐起床写作业,转念一想,也许孩子有自己的计划呢,还是先静观其变吧!当然,妈妈也想到乐乐有可能是在拖延,那么正好将计就计,借此机会给乐乐好好上一课。基于这两种想法,妈妈整个周六和周日上午都没有督促乐乐写作业,乐乐也就优哉游哉地度过了。

周日吃完午饭,乐乐开始伏案疾书,直到晚上6点,都没有离开书桌,但是作业还没有写完。妈妈假装不知情,喊乐乐吃晚饭。晚饭后,乐乐抓紧时间继续写作业,一直到晚上9点钟,乐乐的作业还没有完成。妈妈严肃地告诉乐乐:"从现在开始,不允许写作业了。去洗澡,然后睡觉。作业没写完,明天去学校就这样交给老师,老师如果因此而批评你,惩罚你,你不得抱怨，必须接受。"乐乐央求妈妈："妈妈，我还需要一个多小时就完成了，我10点半肯定睡觉。"妈妈坚定地摇摇头："不行，周末的时间很充裕，本来是足够让你能轻松完成所有作业的，但现在你没有完成作业，不是因为作业多，而是因为你没有合理安排时间。所以，你必须接受惩罚，从现在开始不允许写作业了，立刻去洗澡。"乐乐知道妈妈说得有道理，无法反驳，只好乖乖照做。

次日凌晨4点多，妈妈听到乐乐起床的声音，也看到乐乐卧室的门缝里透出灯光。妈妈继续呼呼大睡到6点起床给乐乐做早饭，语气平静地问乐乐："作业写完了吗？"乐乐如释重负地点点头，妈妈接着说："早晨起床补作业，仅此一次机会，以后如果因为时间安排不合理，导致拖延，没有完成作业，不允许占用早晨睡觉的时间补作业。"乐乐听到妈妈的话，毫不迟疑地点点头，保证道："以后不会再发生这样的情况了。"果然，有了这次的教训，乐乐再也没有玩到忘记写作业。

人人都想趋利避害，尤其是如今的孩子学习任务重，需要完成的作业多，在经过连续五天紧张忙碌的学习生活后，到了周五晚上，常常迫不及待想要放松。然而，绷紧的神经一旦松懈下来，再想恢复紧张状态，是很难的。所以很多孩子一到周五晚上开始进入完全放松的状态后，常常一松而不可收拾，最终导致整个周末都沉迷于游戏和玩耍，不知不觉间时间流逝，等觉察到时间紧迫而不得不写作业时，他们已经没有足够的时间完成所有的作业了。因此，每到周末，很多父母都会不停地催促孩子完成作业，而很多孩子也会想方设法地推迟和拖延。直到周日晚上，孩子才开始奋笔疾书，补写作业，父母看到孩子的狼狈模样，忍不住歇斯底里地训斥孩子，闹得家里鸡飞狗跳，不得安宁。

绝大多数父母都希望能够指导孩子避免犯错误，却忽略了一个事实，即如果孩子不是亲身体验到头撞南墙的滋味，他们是不愿意回头的。要想帮助孩子认识到拖延的严重后果，而父母又能预期到拖延的后果在孩子可以承受的范围内，就不要总是唠唠叨叨地对孩子发号施令，而是应该放手让孩子去拖延，这就相当于给孩子创造了机会，让孩子承担拖延的后果，对自身拖延的行为负责。事例中，妈妈的做法很明智，既避免了因为唠叨而惹得乐乐厌烦，又让乐乐切身感受到拖延带来的严重后果，还逼着乐乐必须亲自为拖延付出代价。正是因为有了这样深刻的教训，乐乐才能主动早起弥补过失，并在未来积极地戒掉拖延的坏习惯。

没有谁可以代替孩子成长，尤其是那些必须让孩子自己去走的弯路，父母更不要试图以发号施令的方式指挥孩子绕过弯路。俗话说，不经历无以成经验，每个人的人生经验都是靠着亲身经历得到的，而不是靠着他人的言传就可以积累的。尤其是青少年，正处于快速成长的阶段，正在走向成年，更是需要拥有丰富的人生阅历，积累丰富的人生经验，才能一步一步地成长，走好属于自己的人生之路。在拖延的道路上，给孩子机会去放纵地拖延一次，也让孩子不得不为拖延付出代价，看似是让孩子犯错，实际上是让孩子认识到什么是错误并积极改正错误的有效方法。

不要让"等一下"成为口头禅

周六晚上,乐乐可以玩游戏,也可以看电视。所以看着乐乐悠闲惬意地坐在电视机前欣赏久违的电视剧,还吃着薯片,喝着果汁,难得放松,妈妈也感到身心愉悦。然而快乐的时间总是过得飞快,转眼之间,两个小时的休息时间结束。已经9点了,到了乐乐和妈妈约定的洗漱时间。但是,乐乐的眼睛依然盯着电视,妈妈假装咳嗽了两声,然而这根本没有引起乐乐的注意。眼看着时针指向了9点05分,妈妈忍不住提醒乐乐:"乐乐,看看几点了。"乐乐抬眼看看时钟,问妈妈:"等一下,这集很精彩,我能不能看到结束?"妈妈反问:"你觉得呢?这一集是8点56分才开始的,要过了9点半才会结束。"乐乐撒娇地恳求妈妈:"妈妈,你最好了,允许我看到结束吧,难得周六啊。"妈妈说:"我当然知道难得周六,但是你是从8点56分才开始看这一集的。我认为,哪怕是四舍五入,你也不应该在马上就到洗漱时间的这个时刻开始看新的一集,我也不应该让你抓住几分钟的小尾巴,就以这一集没有结束为由,让你多看一集。你觉得呢?"乐乐可怜兮兮地看着妈妈:"就等一下,好吗?"妈妈毫不犹豫地说:"如果现在是9点整,你让我等一下,我可以等你三分钟。但是现在马上就到9点10分了,如果你再不关掉电视,赶紧去洗漱,拖延的惩罚我们都已经说得很清楚了,那就是下个周末你不允许再看电视。"眼看着就要因小失大,乐乐只好一边嘀咕着"等一下都不行,真是狠心的妈妈",一边关掉电视去洗漱了。

第二天是周日,中午时分,乐乐可以玩半个小时手机游戏。眼看着还有一分钟就到半个小时了,乐乐又打开一个新游戏,这次他提前恳求妈妈:"妈妈,可以等一下吗?"妈妈说:"这个问题的根本在于什么,我想我昨天晚上已经说得很清楚了。我可以等你一下,两三分钟,最迟不能超过三分钟。除非你能在三分钟内完成这个游戏,否则你还是要半途终止。我当然知道不管是看电视还是玩游戏,半途终止的感觉都很难受,我要是你,为了避免这种糟糕的感觉,我会在时间所剩无几的情况下,选择提前完整地结束这一次娱乐,而不会为了多玩几分钟就让自己满心遗憾,甚至还会因此和父母吵起来。你觉得呢?"看到妈妈把话说得如此透彻明白,乐乐自然无法抱怨妈妈,只好点点头,关掉游戏。

面对孩子可怜巴巴的一句"等一下",很少有妈妈能够狠心地要求孩子当即停下,为此妈妈才会给乐乐三分钟的时间进行缓冲。但是需要注意,切勿让孩子觉得只要他正在进行的游戏或者正在看的电视节目没有结束,父母就应该给他们时间看完。否则,孩子就会钻空子,哪怕只剩下几分钟的时间也要开始一集时长达好几十分钟的新电视或者新游戏,长此以往,孩子将会变得既没有时间观念,也不能形成自控力,从而不能戒掉拖延。

要想避免孩子以等一下为借口无限拖延时间,父母就要做到以下几点。

首先,反思自己是否在强迫孩子,或者给予孩子的时间是否充分。例如,孩子吃饭需要二十到三十分钟,但是父母只给孩子十分钟,那么孩子无须说等一下,而是可以理所当然地要求得到更多的时间细嚼慢咽,让自己吃饱。所以父母在给孩子规定时间的时候,要充分考虑到孩子做很多事情的速度没有那么快,往往比成人需要更长的时间,因而给孩子足够的时间。从而有效地减少孩子说等一下的次数。

其次，父母要学会丑话说到前头。事例中，乐乐只剩下几分钟就到了规定时间，却偏偏开始看一集新的电视剧，在被妈妈催促关掉电视的时候，又以自己一集电视没有看完为借口请求妈妈为他延长时间。这时，妈妈的做法很值得借鉴，既给了乐乐三分钟宽限的时间，让乐乐在心理上有所准备，又不允许乐乐把整集电视剧看完，从而避免乐乐未来还会以这种方式刻意延长时间。有了这样的经验和教训，相信妈妈在未来再和乐乐约定时间的时候，会提前告诉乐乐，让乐乐选择在只剩下几分钟的情况下，是提前结束，还是继续进行。如果提前结束，就可以从主观选择上避免被中断，如果继续进行，就不要因为时间到了被中断而怨气连连。

再次，父母是孩子的第一任老师，每天和孩子朝夕相处，一定要谨言慎行。很多父母本身语言表达就不够严谨，常常会和孩子说一些含糊的词语，换个角度来说，当孩子和他们说那些不够严谨的话时，父母也总是不以为意。例如，孩子告诉父母"等一下，我马上就好"，结果很快就过去了半个小时，孩子还是没好。再去催促，孩子又会说"等一下，我马上就好"，最终闹得亲子之间很不愉快。再如，孩子想看电视，父母对孩子说"只能看一会儿，消化消化就去写作业"。孩子得到了"圣旨"，马上喜不自胜地开始看电视，然而不看到父母催促他们三次以上，他们是不会关掉电视主动去写作业的。所以在沟通过程中，父母既要有意识地进行精确表达，也要引导孩子进行精确的表达，这样才能培养孩子的时间观念，帮助孩子提升对时间的敏感度。

最后，在孩子面前树立威信，有意识地信守承诺，做好孩子的榜样。有些父母特别容易心软，尤其是一面对孩子的苦苦恳求，他们马上就不忍心严格要求孩子了。殊不知，孩子虽然小，却是人小鬼大。一旦他们察觉到父母只是说些狠话吓唬吓唬他们，并不会真的惩罚他们，他们马上就会借机钻空子，再也不相信父母的话。显而易见，亲子关系一旦进入这样的困境，亲子教育就会难以开展，效果很差。

古人云："明日复明日，明日何其多。我生待明日，万事成蹉跎。"孩子看似每次只延误了很短的时间，但是日积月累，就会积少成多，严重浪费宝贵的生命。古今中外，所有的成功者都有其成功的不同原因，他们却有一个共同点，那就是珍惜时间。所以父母切勿觉得孩子只是小时候才拖延，等到长大了就能戒掉拖延。现实告诉我们，孩子在小时候一旦养成了拖延的坏习惯，将来长大了就很难成功地戒掉拖延，难免会浪费宝贵的生命，也会错失宝贵的时机。这对于孩子的成长和人生的长远发展，显然是非常不利的。所以，戒掉拖延要从当下开始，而争分夺秒的惜时意识，也要从孩子小时候开始培养。

只有你，才能偷走你的时间

周五放学回到家里，仲明高兴地告诉妈妈："妈妈，这个周末作业很少，我很快就能完成！我今天晚上可以不写作业，看一部电影吗？"考虑到仲明一个星期下来学习很辛苦，又听到仲明说作业很少，再加上经典的电影也可以让仲明得到学习，所以妈妈决定破例，允许仲明看一部电影。吃完晚饭，仲明开心地打开电视，找了一部很久之前就想看的电影，津津有味地看起来。

周六，仲明和以往的大多数周末一样，起床、洗漱、吃饭，上午练习毛笔字，下午练习硬笔字。一天的时间很快就过去了，直到下午5点，仲明才回到家里。他照例不想写作业，央求妈妈："妈妈，我可以周日再写作业吗？"妈妈毫不迟疑地摇摇头："昨天晚上你已经破例没有写作业而是看了电影，今天不能继续破例了。从现在开始，你什么时候完成作业，什么时候才能进行娱乐活动。对了，你告诉我作业很少，很快就能完成，我想你至少周日中午之前能完成作业，这样周日下午就可以休息了。"

看到妈妈这样斩钉截铁的态度，仲明只好打消不切实际的想法，开始写作业。然而用了周六整个晚上和周日上午的时间，再加上周日下午，仲明也没有完成作业，直到周日晚上8点多才写完全部作业。他想玩会儿游戏，但是到了该睡觉的时间。看着仲明沮丧的样子，妈妈问："你的时间都去哪儿了？"仲明挠了挠头，想了一会儿，又摇了摇头："我也不知道，我原本以为几个小时就能完成作业。而且，作业的确不多。"妈妈检查了仲明的所有作业，说："作业的确没多到必须整整一天和两个晚上才能完成，你的时间被小偷偷走了。你知道时间去哪儿了吗？"仲明一头雾水，妈妈说："只有你，才能偷走你的时间。整个上午从8点半开始到11点半，只有三个小时，你却用了半个小时蹲在马桶上，又用了半个小时和同学打电话，还用了半个小时休息；整个下午从1点到6点有五个小时，你用了半个小时翻书包，整理东西，又用了半个小时下楼买作业本，还用了半个小时上厕所，用了半个小时发呆，又用了半个小时玩笔，所以你只用了两个半小时写作业。晚上就更不用说了，饿了，你说饿了没心思写作业，吃完饭，你又说自己太饱了，必须溜达溜达消消食才能写作业。这一耽搁，就是一个多小时，你还坐在电视前不愿意离开了，我催促了你好几遍，你才极不情愿地去写作业。你觉得时间都去哪儿了？在这个世界上，只有你，才能偷走你的时间。"听着妈妈心平气和的阐述，仲明忍不住羞愧地低下了头。

妈妈说得很对，在这个世界上，对于每个人来说，都只有自己才能偷走自己的时间。尤其是孩子的自控力比较差，看似一本正经地坐在书桌前写作业，实际上哪怕没有神游天外，也已经三心二意，心不在焉了。拖延，并不是完全由于心思不在眼前的事情上引起的，当注意力不能专注，总是胡思乱想，也会在不知不觉间导致拖延。因此，要想帮助孩子戒掉拖延，就要培养孩子珍惜时间的观念和习惯，更要让孩子学会提高效率。

偷走时间，除了心神不宁、三心二意等不易觉察的原因之外，对于零碎时间没有做到充分利用，也是重要的原因。每个孩子每天都有24个小时，除去吃喝拉撒、衣食住行，真正能够用于学习的时间其实很少，在正常作息下，少则几个小时，多则不会超过十个小时。而这八到十个小时，又会因为对时间的安排和计划，会被截取成几块大段的时间，也会被切割成很多零碎的时间。

在生活中，零碎时间随处可见，例如早晨等班车去学校，少则几分钟，多则十几分钟；中午在学校食堂里等着吃饭，少则几分钟，多则十几分钟；放学的时候整队，或者等着父母来学校门口接，这些等待的时间都是零碎时间。仅从表面看起来，零碎时间都介于几分钟到十几分钟时间，是很短暂的，但是如果把这些时间累积起来，很有可能会每天达到半个小时到一个小时这么长时间，甚至更多。这还只是一天的量，那么长年累月呢？仅以等车的几分钟时间为例，也许无法用来做一些重要的事情，但是至少可以背诵几个英语单词。零碎时间每天都有，每天都坚持背诵英语单词，就会积累大量词汇，为英语学习添砖加瓦。

正如大文豪鲁迅先生所说的，"时间就像是海绵里的水，挤一挤总还是有的"。怕就怕，有很多人非但不会把时间挤出来加以利用，还有可能眼睁睁地看着零碎时间流走。例如，有些孩子觉得只要在校门口等一会儿，爸爸妈妈就会来接他们了，所以他们并没有利用这个时间学习，而是干等着。结果，他们原本计划等待十分钟，可是十分钟到了，爸爸妈妈并没有来，他们又想："都已经等了十分钟了，说不定再过几分钟就来了，我也没有必要再利用这个时间学习了。"就这样，一个又一个十分钟过去，最终孩子苦等了一个小时，爸爸妈妈才赶到学校门口接他们回家。因为这些被延误的时间，孩子们回家之后无法按时完成作业，只好占用了睡觉的时间来完成，从而导致睡眠不足。次日因为睡眠不足而哈欠连天，导致听课的效果大打折扣。仔细想一想，这究竟是只浪费了十分钟，还是浪费了一个小时，这是浪费了一个小时，还是浪费了更多的宝贵时间呢？隐形的时间损失看不到，并不代表它没有发生。

正如一首歌唱的，"时间都去哪儿了？"相信很多孩子心中都有这样的困惑，作为父母，可以帮助孩子分析这个问题，引导孩子找到问题的答案，也助力孩子找到解决问题的方法。时间是组成生命的材料，浪费别人的时间无异于谋财害命。每一个孩子的成长与进步，都离不开时间的助力和帮助，那么一定要珍惜时间，把握时间才行啊！

把握时间节点，让拖延一去不返

晚上睡觉的时间到了，可乐乐一点儿也不着急，哪怕已经争分夺秒地完成了作业，他也会慢慢吞吞地收拾书包，磨磨蹭蹭地洗漱，最终导致距离完成作业已经一个小时过去了，他还站在洗漱间里对着镜子吹干头发，丝毫也不困倦，更不着急，每天都如此。和夜晚精神抖擞、气定神闲的表现截然不同，每当到了早晨，不管妈妈喊几遍，乐乐都会如同案板上的滚刀肉一样裹着被子滚来滚去，就是不愿意当即起床。为此，乐乐三天两头迟到。如何才能让乐乐戒掉拖延的坏习惯，再也不迟到呢？妈妈想了很多办法，都收效甚微。

一个偶然的机会，妈妈与高中同学相遇，得知对方已经是儿童心理学硕士，妈妈当即咨询了这个困扰她许久的问题。同学问妈妈："对于孩子起床难的情况，你是如何做的呢？"妈妈说："我真是无计可施，只能每天提前半个小时喊他，让他有更长的时间清醒。"同学忍不住皱起眉头："这样一来，孩子的睡眠时间岂不是又少了半个小时吗？"妈妈无奈地耸耸肩："没办法，我只能这么做，否则，等人家都下早读课了，他也到不了学校。"同学陷入沉思，良久才说："其实，你把握了错误的时间节点。乐乐之所以起床困难，经常迟到，最关键的时间节点并不在于你第一次叫醒他的时间，而在于他起床的时间。往前追溯，根源在于他每天晚上睡觉的时间。孩子比成人需要更充足的睡眠，睡眠对于孩子而言，和摄入食物同样重要。一个人如果饿了，就会狼吞虎咽地填饱肚子，一个人如果困了，就会睁不开眼睛起床。只有晚上早点儿入睡，才能让睡眠充足，起床也才会更容易，你觉得呢？"妈妈接连点头："你说得很有道理，我非常认可。但是，这个孩子一到了晚上就很精神，还特别爱磨蹭，我简直拿他没办法。"同学说："关键仍然在于把握时间点。一味地催促并不能收到良好的效果，只有把握住每一个时间点，才能从细枝末节上帮助孩子戒掉拖延。例如，9点半必须完成学校的作业，五分钟收拾书包，9点05分准时开始洗漱，10点钟准时关灯。这期间他怎么安排时间你都不用管，给他自由，但是你必须准确把握时间节点，绝不给孩子拖延的机会。一开始这会很难，随着时间的流逝，孩子的表现会越来越好的。你试试？"妈妈对同学所说的"把握时间节点法"半信半疑，但既然目前没有更好的方法，她就只能死马当作活马医了。让妈妈惊喜的是，如此坚持了一段时间之后，乐乐虽然偶尔还会延迟几分钟，但是基本上都能遵守时间。

把握时间节点，看起来就是在强迫孩子，不关心过程，而只关心结果。这是一个简单粗暴的方法，效果却很好。直奔结果，让孩子没有办法再为自己的拖延找借口，他们能做的就是想方设法在到达预定的时间之前，完成该做的事情。要想用好这个办法，有以下几点注意事项。

首先，把握时间节点，要注意设置的时间节点不要相隔太长。时间节点之间相隔太长，不利于及时提醒孩子把握时间，而且一旦孩子因为延误而导致进度放缓，也很难追赶上来。所以时间节点要设置得短一些，这样父母才可以在每个时间节点到来的时候，考查孩子做事情的进度。此外，每次到达一个时间节点，孩子还会感到很有成就感，因为他们觉得自己圆满地完成了一项任务，也成功地达成了一个目标。孩子从这个过程中得到了激励，会信心满满继续做好其他的任务，从而也能渐渐地远离拖延。

其次，面对那些艰巨的任务，可以允许孩子短暂拖延，但是要设定开始的时间。在正式开始之前，可以让孩子只做简单容易的事情，让孩子尽量放松，也可以把所有的忧愁烦恼和压力都抛到脑后，而一旦时间节点到来，就要求当机立断展开实际行动，再也不给孩子任何懈怠和拖延的借口，哪怕很有可能面临失败，也要勇敢去做，坚持不懈。

最后，如果孩子因为拖延，作息时间已经被打乱了，与其每天都在凑合不合理的作息时间，艰难地维持作息，不如断掉长痛，选择短痛，选择一夜彻底不睡，彻底地把作息时间调整过来。当然，长痛不如短痛不仅仅适用于作息规律，也可以适用于其他事情。例如，暑假里因为拖延耽误了很多作业，那么可以抽出两天的时间来把之前欠的所有作业都补上，接下来再根据计划按部就班地完成作业就好。

我生待明日，万事成蹉跎

经历了初一上学期阶段的学习，终于迎来了暑假，云云从初一开学就在盼望着暑假的到来，因此才刚刚考完试，她就睡得昏天暗地，恨不得睡个三天三夜。一开始，妈妈觉得云云这是上学太累了，也就没有督促云云完成作业。然而，眼看着一周的时间过去，云云还是每天吃喝玩乐睡，丝毫都没有把写作业提上日程，妈妈心里直犯嘀咕："暑假作业很多，这个丫头是准备什么时候开始写呢？"妈妈决定继续观察一周。接下来一周的时间里，云云依然如故，妈妈忍不住催促道："云云，你的暑假作业完成多少了？"云云不以为然地回答妈妈："妈妈，着什么急啊，这才放假几天啊，还早着呢，不着急，不着急！"妈妈说："假期已经过去四分之一啦，很快这个月就会过去，这一过去，假期可就过半了。"看到妈妈着急的样子，云云赶紧安抚妈妈："好吧，好吧，我明天写！"得到云云的允诺，妈妈略感放心，等着看云云明天的表现。

次日，云云睡到中午11点多才起床，接下来洗漱，吃午饭。等到终于有时间坐在书桌前时，已经是下午两点半了。才拿出书本打开，她就接到同学电话，当即和妈妈申请去看电影。妈妈不想给云云同学留下不近人情的印象，只好勉为其难地答应了。直到傍晚时分，云云才回到家里。又过去一天，奶奶来看望云云，云云突发奇想地要和奶奶回老家待半个月，还向妈妈保证，回来之后一天都不耽误，一定全力以赴写作业。看着奶奶期待的眼神，想到奶奶平时和云云接触的机会很少，妈妈只好同意。可是到了月末，云云没有按时回家，还不停地推迟着回家的日子。直到8月10号，云云才回到家里。然而回家当天，她坐了十几个小时火车很累，又睡了一天才开始写作业。剩下的19天时间里，家里时而有亲戚朋友到访，时而又要参加亲朋好友的婚礼，云云始终没有一天是完全静下心来完成作业的。转眼之间，距离开学只有一周的时间了，云云还有三分之二的作业没有完成。看到她还是不着急，妈妈索性不再催促云云，而是任由云云自行安排。结果，开学前一天，云云还剩下一半的作业，哪怕整夜不睡觉，也不可能写完。云云急得哭起来，妈妈正等着这一天呢，对云云说："再长的日子，一天一天悄然溜走，都会一去不返。你从刚刚开始放暑假就觉得日子很长，现在日子不是溜走了吗？暑假结束了，也是你该为自己的拖延负责任的时候了。犯错误不可怕，最重要的是要从错误中总结经验，吸取教训，这样才能避免再次犯错。你要和老师解释你没有完成作业的原因，接受老师的批评和惩罚，也要向老师表明你戒掉拖延，绝不再犯同样错误的决心，好吗？"在妈妈的安抚下，云云终于停止哭泣，也深刻地认识到了自己的错误。

人生有无数个明天，如果孩子总是在对明天的期待中度过今天，那么就会无形中荒废了今天的好时光，导致今天除了妄想，毫无收获。那么，人生到底是由哪一天组成的呢？曾经有心理学家说，人生有三天，即昨天、今天和明天。昨天已经逝去，成为不可改变的历史。明天还未到来，是不可把控的。唯有今天，才是每个人切实掌握在手中的一天。换而言之，拥有怎样的今天，完全决定了我们会拥有怎样的昨天，部分决定了我们会拥有怎样的明天。今天，在昨天和明天之中起到承上启下的作用，所以孩子们一定要把今天过好。

当孩子始终把希望寄托在明天时，父母首先要告诉孩子，人生并没有那么多的明天一定会到来。曾经有人说过，要把每一天都当成生命的最后一天度过，减少人生的遗憾。虽然孩子还小，却要懂得"今日事今日毕"的道理，更要知道明天还有明天的事情需要完成。时间从来不会因为任何人而加快速度，或者减慢速度，所以不管任何人是否愿意，时间都在不停地向前流逝。把握时间的最好方式，就是紧跟时间的节奏，做好该做的事情，绝不浪费宝贵的时间，也绝不无故拖延。

其次，父母要告诉孩子，在解决很多问题的时候，都是需要好时机的。拖延，恰恰会让孩子们错失好时机，甚至会让事情变得更糟糕，问题变得更棘手，难以解决。英国著名的小说家狄更斯曾说："永远不要把今天能完成的事情留给明天。"当学习任务不断地积压，孩子们必然会产生深深的挫败感，也会紧张焦虑，无助，甚至会对自己感到失望。这会导致更严重的后果，也会让孩子们信心全无。

最后，除了要抓紧时间完成紧急的事情，对于那些需要花费大量时间循序渐进去完成的事情，切勿一味地拖延，把所有的任务都放在明天。既然这种事情会消耗我们大量的时间和精力，也需要我们在漫长的时间里坚持循序渐进地去完成，那么我们就要制订合理的计划表，把艰巨的任务分解到每天，每天都坚持完成一定量的任务，每天都坚持打卡，相信只要假以时日，哪怕是以这样蚕食的方式，我们也最终会圆满完成任务，甚至取得更大的成功。

喜欢拖延的孩子，总是会用明天当借口来为自己开脱，也为自己求得暂时的心安。其实，在他们的内心深处，并不喜欢这样的感觉，还会因为知道自己没有按期完成任务而紧张失落。尤其是当拖延带来严重后果的时候，他们更是会懊悔自责。如果不想被这样的感受淹没，就从当下这一刻开始努力地提升自控力，成为时间的主宰，驾驭自己的人生吧！

使用番茄管理法切割时间

在对乐乐采取把握时间节点的戒拖延方法后，妈妈发现自己被乐乐捆绑住了。因为每个时间节点之间的间隔比较短，所以妈妈每隔一段时间就要验证乐乐是否正在正确的时间做正确的事情，这让妈妈作为自由职业者的时间被切割得很零碎。有的时候，妈妈因为正在忙着做饭，或者正在忙着做设计图，就会忘记在相应的时间节点检查乐乐是否已经完成了任务。所以在最开始的新鲜劲头过去后，乐乐又出现了很明显的拖延情况。这可怎么办呢？看着手机上十几个闹铃，妈妈感到头都大了，她无奈地对乐乐说："你能不能让我省点儿心啊？自觉一些，主动一些，自己检视自己，也可以帮我节省点儿时间啊！"但是，事实证明，孩子的自控力总是有限的，哪怕他们明知道父母很忙碌很辛苦，也还是需要父母不停地催促。

一个偶然的机会，妈妈在朋友家看到一个番茄闹钟，觉得很新奇。在朋友的介绍下，她才知道番茄闹钟的用途。原来，番茄闹钟可以定时最长一个小时，只要时间到了，就会发出清脆的响铃声。妈妈灵机一动："我也能用番茄闹钟来提醒乐乐限定的时间到了呀，而且还可以同时提醒我去检查乐乐对于某项作业的完成情况，这简直太方便了。"妈妈当即向朋友要了番茄闹钟的链接，为自己和乐乐分别购买了一个番茄闹钟。原来，妈妈也想用这样的方法自律。此前做设计图，妈妈常常工作起来就忘记休息，导致腰椎不好。医生建议妈妈每隔一个小时就休息15分钟，活动腰部，但是妈妈经常忘记。有了番茄闹钟就好了，妈妈在工作的过程中无须关注时间，而等听到闹钟响起，当即站起来休息。很快，妈妈和乐乐都成为番茄闹钟的忠实使用者，乐乐也从一开始觉得闹钟声音太大，到适应了闹钟的大声提醒，每次开始做一件事情，他都会自觉地设定闹钟，然后专心致志，全力以赴。

近几年来，番茄闹钟非常火，从最早只有机械版，到现在有了磁力版，精确度越来越高。使用番茄闹钟，目的是把原本很整很长的一段时间，切割成可控的小段时间。例如，孩子写了一段时间作业，要休息15分钟，但是他休息的时候在玩游戏，或者看电视，丝毫没有感受到时间的流逝，导致不知不觉间就过去了很久，浪费了时间。定了番茄闹钟后，他无须担心自己会拖延，而是等着闹钟响起就去写作业。也有的孩子会觉得写作业的时间过得很慢，他觉得都已经过去一个世纪了，无数次看时间，却发现时间才过去半个小时，为此他感到很着急，根本无法集中注意力完成作业。在这种情况下，如果有番茄闹钟起到定时提醒的作用，孩子就可以提前设定一个小时，在闹钟响起的时候再休息，期间无须看时间。这样一来，孩子自然会集中注意力，全力投入学习之中，取得良好的学习效果。

番茄闹钟的作用直观地来看，是切割了时间，但是衍生的作用，却是帮助孩子限定时间，集中注意力。从某种意义上来说，番茄闹钟和中小学生的课程表很相似，都是在限定的时间内完成相应的学习任务，让孩子在全力以赴地投入学习之余，可以有短暂的彻底放松的时间。这样的劳逸结合，让孩子不再拖延，而是当即全身心地投入当下的任务之中，每当完成一个任务，孩子们就会感到特别有信心，也会收获成就感。番茄闹钟在切割时间的同时，还能把那些艰巨的任务也进行切割，分解成一个个容易实现的小目标。

番茄闹钟并非只是用于促使孩子专注于当下，也可以用来帮助孩子合理安排休息时间。此外，当反观时间都用在哪里的时候，还可以总结利用时间的规律，从而更加优化时间安排。今天，你完成几个番茄了？实际上，一天的时间看似很长，但是却只能划分为几个番茄闹钟的时间，这样下来，是不是会令人产生紧迫感，从而让孩子也从被动地珍惜时间到主动地争分夺秒呢？

早起的魔力，你不可不知

　　整个寒假，佳敏过得颠三倒四，眼看着寒假过半，她却还没有开始写作业，这是为什么呢？原来，佳敏每天都要睡到日上三竿才起床，即使起得早，也要到九十点钟，偶尔起得晚，就要11点多，还有一天居然直接睡到了12点半，是妈妈喊她起床吃午饭，她才起床的。一天的时间就这么长，如果不是寒假，12点半，佳敏已经完成了半天的学习，吃完午饭在休息了，现在，佳敏才与梦中的周公告别而已。

　　起床之后，接下来如厕、洗漱、吃饭。转眼之间，又是两个小时过去了。已经到了中午，佳敏吃饱喝足难免又开始犯困，昏昏欲睡的状态下，根本不能投入地学习。还有十天就开学了，这可怎么办呢？佳敏既为尚未开始做的作业发愁，也为自己开学之后如何早起去上学发愁。一个偶然的机会，佳敏看到一本书，是关于早起的，如同醍醐灌顶，几乎当即决定自己要照做执行。虽然想到寒假就只剩下十天，佳敏心有不甘，但是现在也并没有其他的好办法可以帮助她摆脱困境，她决定认真试一下书里的办法。第一天，她定了5点半的闹钟，这是她在上学时每天起床的日子。然而，佳敏失败了，因为在和顽固地响个不停的闹钟做斗争时，困意占据了上风：现在又没有开学，我为何要起得这么早呢？佳敏把闹钟的时间改成7点半，但是她一直睡到了10点半。佳敏懊恼极了，五个小时就这样消失得无影无踪，原本这些时间都可以让自己完成半个科目的作业了。次日，佳敏定了6点半的闹钟，好不容易才挣扎着起床，洗漱之后到了7点钟，这时天已经亮了。佳敏看到晨光初现的天空，突然觉得自己并没有想象中那么困倦，反而神清气爽。佳敏片刻也没有拖延，当即开始写作业。到中午12点吃午饭时，她顺利地完成了半个科目的作业，获得了满满的成就感。

午饭时，佳敏自信满满地对妈妈说："早起也没有那么可怕，就是起床的片刻觉得困倦，只要起来了，就神清气爽，一点儿都不困了。"妈妈由衷地称赞佳敏："的确，很多成功人士都坚持早起，他们作为老板和上司，每天都比下属早到办公室，所以当下属开始工作时，他们已经完成了大部分的工作，可以悠闲地度过白天了。这也是为何很多老板白天会和客户打高尔夫，或者与合作伙伴喝茶聊天的原因。看看吧，你早起了，这一天做事的效率简直相当于睡到日上三竿的两天时做事的效率，对不对？"佳敏重重地点点头："虽然距离正式开学还有一周的时间，但是我每天都要坚持早起，哪怕作业完成了，我也要坚持早起，可以去跑步。"妈妈赞许地看着佳敏，真诚地祝愿："希望你能一直坚持，这样才能促进身心健康。最重要的是，你可以悠闲地吃我为你准备的早餐，再也不用着急慌慌地填饱肚子了。一日之计在于晨，当你惬意闲适地度过早晨，你的一天都会非常美好！"虽然未来的几天时间里，佳敏在起床的时候依然会觉得困倦，但是她变得很有自制力，坚持早起，开学的那一天，她是第一个到学校的，整整一天都精神抖擞，精力充沛，和那些因为患有假期综合征而哈欠连天的同学形成了鲜明的对比。

早起，绝对是考验意志力和毅力的一件事情。能够坚持早起的人，每天都和太阳一起起床，每天都能感受到黎明到来的汲光时刻，所以他们的内心会充满阳光，他们的品格会更加高尚，他们很少受到拖延症的困扰。

然而，对于孩子而言，要想坚持早起并不是一件容易的事情，养成早起的好习惯更是需要长期坚持，绝不懈怠。虽然很多孩子都定了闹钟，或者设定了手机提醒，但是在黎明时分困意很浓，一不小心，就会被困倦占了上风。违背了自己要早起的心愿，关掉闹钟继续睡觉，会让人在醒来之后非常自责，也很懊恼，情绪烦躁，甚至影响一整天的心情。看起来，早起失败无非就是多睡了一会儿，但其实会引起一连串的严重后果。

很多孩子因为贪睡，早晨不吃饭，或者仓促地在路边摊买了早点，边走边吃。众所周知，在一天的学习之中，上午的学习任务很重，在课程安排中，主课占据相当的比例。如果孩子哈欠连天，饿着肚子，又怎么可能把课程学好呢？早起，可以让孩子有一个从容不迫的早晨，能做好该做的事情，也能悠闲地享受早餐时光。在假期里，那些清晨起床的孩子比睡到中午的孩子多拥有半天的时间可以支配，在上学的日子里，那些早起按时到校的孩子，比仓促赶到学校还迟到的孩子，更从容更自在，学习状态也更好。所以切勿觉得早起无关紧要，实际上，早起至关重要。要想让孩子拥有健康的身体，提升孩子的学习效率，保障孩子的学习效果，父母就要从帮助孩子养成早起的好习惯开始，渐渐地让孩子成为时间的主人，发挥时间的最大效用，创造时间的最大价值，彻底与拖延症说拜拜！

第六章
坏习惯加重拖延，好习惯戒除拖延

　　生活习惯对孩子的影响非常大，良好的习惯能够帮助孩子戒掉拖延，水到渠成地完成各种该做的事情。反之，坏习惯则会加重孩子的拖延，让孩子在不知不觉间陷入拖延的怪圈，承受拖延的恶劣后果。因此父母不仅要引导孩子渐渐地养成好习惯，而且也要督促孩子当机立断戒掉坏习惯，这样才有助于孩子的健康成长。

家庭规矩，让孩子从细节处改变

这个寒假，因为流感肆虐，妈妈没有给小鱼儿报名参加课外培训班，而是给他报名参加了线上课程。线上课程是可以回看的，所以小鱼儿没有那么大的压力，每天晚上照旧看电视到 11 点，早晨则要 10 点多才起床。对于小鱼儿的表现，妈妈很不满意，因为小鱼儿总是错过 8 点半的线上课程，只能等到起床之后，再回看课程。于是她对小鱼儿说："每天的线上课程原本是可以互动的，你因为晚上不睡早晨不起，导致只能回看视频，这可不好。从今天晚上开始，不允许你再看电视到那么晚，必须 9 点半洗漱，10 点钟准时关灯睡觉，次日早晨 7 点半起床，这样正好 8 点半上课。"没想到，小鱼儿撇着嘴说："你和爸爸不都要到 12 点多才睡觉吗？凭什么我就要睡得那么早！"妈妈被小鱼儿怼怼，一时之间竟然不知道该说什么。思忖片刻，她气急败坏地说："总之，你必须规律作息。"

事后，妈妈把小鱼儿的话说给爸爸听，爸爸听了忍不住笑起来："小鱼儿长大了，有了平等的意识。不如咱们也规律作息吧，这样对身体也好，还能抵抗流感。"妈妈当即表示同意："也好，小屁孩长大了，只给他定规矩，他总是不服气，咱们就起个带头作用！"就这样，妈妈当即召开家庭会议，公布了全家统一的作息规定。小鱼儿虽然不乐意，但是看到爸爸妈妈已经做了表率，只好把不满藏在心里。夜晚到来，爸爸妈妈刚过 9 点就主动洗漱，主动进卧室准备休息，而且还把手机放在客厅里充电，接受小鱼儿的监督。小鱼儿看到爸爸妈妈的表现无懈可击，只好乖乖地去洗漱睡觉，睡饱了觉，次日早晨，他没用妈妈喊，7点多就起床了。

　　一旦进入假期，很多家庭生活的规律就会被打乱。一方面是因为孩子缺乏继续保持规律作息的自制力，另一方面是父母也会懈怠，觉得孩子既然不需要每天上学了，就无须按时按点地睡觉和起床。如此一来，家里原本已经保持不错的作息规律就会被打乱，孩子的生活和学习节奏也会变得混乱。其实，不管是在假期里还是在正常的工作日，父母都要制定家庭规矩，而且要做好表率地遵守规矩，才能从言语上督促孩子，从行为上为孩子树立榜样，从而带着孩子一起从细枝末节进行改变，养成好习惯。

　　有些父母本身就很爱拖延，做事情总是习惯延误，无形中就会给孩子树立不好的榜样，对孩子产生负面作用。也有些父母总觉得自己就是权威，居高临下地给孩子树立权威，对自己和孩子的要求完全是两个标准，就好像"只许州官放火，不许百姓点灯"一样，对孩子提出各种过分的要求。殊不知，孩子不断地成长，自我意识越来越强，民主与平等的观念也渐渐形成。如果说父母在孩子小时候，还可以对孩子下达各种命令，那么随着孩子越长越大，要想拥有良好的家庭氛围，父母必须改变方式与孩子相处，尤其是要给予孩子更多的尊重与平等对待。而且需要制定家庭规矩，让孩子知道每个家庭都要遵守家庭规矩的道理，也让孩子亲眼看到父母一直在遵守规矩。如此一来，家庭规矩才能对孩子形成约束力，父母也才能促使孩子积极主动地遵守规矩。

　　当然，除了遵守时间之外，孩子在日常生活中还有很多方面的拖延行为，例如东西丢得乱七八糟，总是不能在用过之后马上放回原处；出门之前总是慢慢吞吞，任凭父母急得如同热锅上的蚂蚁，他们就是慢悠悠地我行我素；吃饭很慢，已经大大超出了细嚼慢咽需要的时间，常常是第一个上桌开始吃饭,直到最后大家都吃完了,他们还在吃着冰冷的饭菜……这些都是孩子常见的拖延行为,也是与日常生活密切相关的。父母无须一味地批评和斥责孩子,而是可以制定家庭规矩,和孩子一起遵守家庭规矩,养成不拖延的好习惯。

一百次计划，也比不上一次行动

初一的寒假，作业很多，不但有学校的作业，还有父母出于弯道超车心理而布置的课外作业，以及课外班上老师布置的作业。所以在假期里的每天，小懒并不觉得比上学的日子轻松多少，而且还因为睡懒觉，导致白天不得不面对繁重的学习任务和大量的作业。才几天过去，小懒就罢工了，一边哭一边喊道："我要去上学，我再也不想在家了！"妈妈很清楚，小懒之所以觉得很累，就是因为他没有计划，每天都睡到日上三竿才起床，再来磨磨蹭蹭地完成作业，时间当然不够用。

在妈妈的督促下，小懒制订了详细的作息规律，而且明确了完成不同作业的时间段。但是，制订完计划之后，小懒并没有当即执行，而是对妈妈说："从明天开始，我再执行计划。"结果呢，次日早晨，睡惯了懒觉的小懒，根本没有按照计划表上的时间7点半起床，而是睡到9点，才好不容易在妈妈的催促中起床。如此一来，小懒再洗漱、吃饭，原计划从8点半到10点半的作业时间，全都被占用了。接下来，小懒只能做其他时段的事情，晚上7点到9点，是小懒的休息娱乐时间，他只能用这个时间来补写上午的作业。他心不甘情不愿，总是要赖皮，就是不愿意写作业。他恳求妈妈："妈妈，我明天早晨早点起床，补上今天的作业，行不行？"妈妈勉为其难地答应小懒补写一个小时作业，留下一个小时作业次日早起再来补写。然而，小懒还是起晚了。接下来，他因为各种各样的原因，把白天的计划也耽误了，根本没有按时完成。眼看着亡羊补牢这个办法已经行不通了，他只得不停地修改计划，把计划改得面目全非。直到最后，小懒索性把计划完全抛之脑后。

看着早就把计划抛之脑后的小懒，妈妈建议："你此前的计划时间安排太过紧凑了，而且太过完美。我觉得你可以制订一个更可行的计划，把时间间隙安排大一些，任务轻一些。"小懒听到妈妈的话很高兴，但是妈妈话锋一转，说："但是，有个前提条件，那就是你必须保证按照计划时间完成既定的学习任务，不能因为任何原因而拖延。"为了每天的任务少一些，小懒当即向妈妈下了保证书。

果然，在制订新的合理计划后，小懒把学习任务完成得很好。而妈妈呢，再也不用和小懒浪费唇舌了，反而称赞小懒："一个计划哪怕再完美，如果不能得以执行，就是无效的计划。这样完美的计划，哪怕有一百个，也无济于事，也不能帮助我们做出更好的表现。反之，哪怕计划不那么完美，但是却符合实际情况，也是可以保证执行的，那么这个计划就会起到切实的作用，发挥最强大的功效。"

妈妈说得很对，很多人在制订计划的过程中常常会忘记初衷，即盲目地制订看似完美的计划，而忽略了计划的现实性，也不管计划是否有实现的可能。实际上，真正好的计划，是一定要能够发挥出作用，能够指导孩子做好很多事情的。因此在引导孩子制订计划的时候，父母首先要让孩子掌握制订计划的第一个原则，即符合实际、具体可执行的原则。其次，父母要督促孩子按照计划去展开实际行动。计划肩负着艰巨的任务，绝不是制订之后就只是供人观瞻的。计划的生命就在于现实，一旦脱离了现实，计划就没有存在的意义了。

现实中，很多人常常因为畏缩、恐惧等原因，不敢采取行动。他们就像契诃夫笔下的套中人，总是把自己装在套子里，根本不敢从套子里探出头来。这使得他们做任何事情都畏畏缩缩、缩手缩脚，其实，这对于孩子的成长是很不利的。不管因为什么原因导致拖延，孩子都应该努力战胜拖延，当机立断鼓起勇气，采取行动。因为事情总是处于不断的发展和变化之中，那些设想中的困难，随着事情向前发展，也许会朝着好的方面转化。如果孩子总是被设想出来的困难吓住，那么他们就会停滞不前，也会因此而陷入困窘之中。

　　再完美的计划，如果不能付诸实践，就是毫无意义的；再多的计划，如果只停留在纸上谈兵的阶段，就不可能变成现实。计划一旦脱离了实践，不能当机立断采取行动，就是虚的。只有行动，才是实实在在的，才能起到切实有效的作用。也有些孩子因为害怕失败而不敢采取行动，其实要获得成功，没有谁能有百分之百的把握。但相比起停滞不前，哪怕做了失败了，也能收获经验，也比无所作为更好。正如人们常说的，失败乃成功之母。真正努力上进的孩子，将会战胜拖延，积极地采取行动，哪怕失败了也能从失败中吸取教训，积累经验，继续努力奋进，勇往直前。

效率比完美更重要

本周末，思凡要参加同学的生日聚会。聚会的地点在本市一个很有名的酒店里，思凡不但为同学准备了生日礼物，还决定要盛装出席呢。聚会定在中午10点半开始，先是举行生日仪式，12点准时开餐。当天早上，思凡8点就起床，开始收拾自己。

思凡是个典型的完美主义者，她早就想好了要穿一件公主裙，但是接连试了好几双鞋子，都觉得不太搭配。她还想梳一个和公主裙相配的发型，自己尝试了好几次都没有成功，只好求助于妈妈。但是妈妈只会梳普通的发型，对于思凡想要的发型，妈妈也无能为力。思凡苦恼不已，鞋子都没有搭配完美，现在连发型也不合适，她苦恼地说："这可怎么办，距离聚会开始只有一个小时了，我得找个理发店打理发型。"妈妈忍不住笑起来："思凡，你是去参加生日宴会，不是生日宴会的主角，为何要这么纠结呢？放心吧，大家都会把注意力集中在小寿星身上，不会过多注意你的。"然而，不管妈妈怎么劝说，思凡坚持要打造完美形象。妈妈无奈，只好看着思凡带着礼物出门，去了理发店。

理发店需要排队，思凡很着急地等待着。好不容易才轮到思凡，已经10点钟了。思凡不停地催促理发师，用了20分钟，思凡才做好发型。她当即打了一辆出租车朝着酒店赶去，路遇堵车，思凡将近11点才赶到酒店，这个时候，生日仪式已经进行过半了。思凡尴尬地把礼物送给同学，在大家惊奇的目光中，赶紧坐到同样来参加生日宴会的好朋友身边。好朋友小声问思凡："你怎么才来啊，蛋糕都吃完了，刚才小寿星还嘀咕你怎么还没来呢！"思凡不好意思地低下头，后来又找了个机会向小寿星道歉。

在这个事例中，思凡得到邀请参加生日宴会，迟到显然是很不礼貌的。然而，思凡偏偏是个有强迫症的完美主义者，正因为她很看重这次宴会，所以才想打造自己的完美形象。以良好的形象示人当然没有错，糟糕的是，思凡过于看重自己的形象，过于追求完美，所以导致迟到。常言道，凡事皆有度，过度犹未及。不管做什么事情，都要适度，才能取得良好的效果，对于完美的追求同样如此。如果总是奢求完美，总是苛刻地要求自己和他人，就会因此而降低效率，使得事情进展不顺利。

在这个世界上，根本不存在绝对的完美，既没有绝对完美的事情，也没有绝对完美的人。当孩子因为追求完美而表现出拖延时，父母一定要告诉孩子这个道理，也要让孩子知道和完美相比，效率是更为重要的。一件事情可以有微小的瑕疵，却不能残缺。如果必须在残缺和瑕疵之间选择一个，那么宁可选择有瑕疵而完整，也不要选择残缺。因为残缺本身，就是更为严重的不完美。当孩子意识到不完美是必然的，且提高效率保证完成一件事情比盲目追求完美更重要，他们就不会为了追求完美而放弃完整。

举个简单的例子来说，孩子如果过分追求完美，在考试的时候写字特别慢，力求把每个字都写得很工整，完美无瑕，那么就会浪费大量的时间，导致无法在规定时间内完成试卷。其实，试卷不是展示书法的地方，只要保持字迹工整，卷面整洁即可，最重要的任务是完成整张试卷，尽量做到正确。如果孩子只做了半张试卷，即使字迹写得非常工整美观，也是不可能取得好成绩的。反之，如果孩子的字迹很整齐，卷面整洁，完成了整张试卷，而且保持了正确率，那么就能取得好成绩。人生中的很多事情，都要和对待考试一样，必须优先保证效率，其次才是追求完美。

为了帮助孩子更好地平衡效率和完美之间的关系，父母要引导孩子在效率和完美之间设置一个度。例如，可以追求完美，但是要以保证效率，完成某件事情为前提。要想把握好效率与完美之间的度，就要把握好时间成本。不管做什么事情，都需要耗费大量的时间成本，偏偏很多人都会忽略时间的投入。帮助孩子形成时间意识，树立时间观点，养成珍惜时间的好习惯，这是让孩子在完美和效率之间保持平衡的关键。

首先，孩子要接受不完美的存在。古人云，金无足赤，人无完人，每个人都会有各种各样的不足和缺点，我们既要宽容地对待自己，也要宽容地对待他人，这样才能在不完美的世界里生存得更好。

其次，要准确地认识自我，衡量自身的能力，预估事情的发展，得到想要的结果。不管是妄自菲薄还是妄自尊大，都不利于孩子们根据自身的能力所及更好地完成一些事情。只有客观地评判自己，孩子们才能最大限度地发挥自身的能力，做得更好。

再次，要设立合理的目标。很多父母都望子成龙、望女成凤，也常常会不自觉地陷入焦虑状态，对孩子提出过高的要求，使孩子也在无形中受到父母的影响，为自己制定过高的目标。这很不利于孩子的成长和进步，因为孩子会因为不管怎么努力都无法实现目标而感到心力交瘁，也会因此而觉得无助。孩子各方面的能力都处于发展过程之中，因而无法实现所有的目标，在孩子为自己制定目标时，为了起到激励的作用，应该引导孩子设立合理的目标。那些不管多么努力都无法实现的目标，是不合理的目标；所谓合理目标，也许会略微超出孩子的能力范围，但是孩子只要坚持努力，就能实现目标。而这些当中获得的小小的成功，将会极大地激励孩子，也会让孩子更加勇敢无畏地努力前行。

最后，引导孩子消除负面情绪，保持积极乐观。很多完美主义者都有强迫的表现，而且不管是对他人还是对自己，要求都很苛刻。当长期处于对自己或者对他人以及客观事物不满意的情绪状态中，孩子的心理就会受到影响，导致情绪越来越焦虑不安。父母要引导孩子及时调整自身的负面情绪，必要的时候，可以向父母、老师、同学、朋友等人求助，诉说心中的焦虑，表达心中的不满，舒缓巨大的压力，从而保持良好情绪。总而言之，人生从来不是完美的，既然如此，每个人都要接受不完美，坚持效率第一，完美第二，坚持做好自己。

时间并不能解决一切问题

终于到寒假了,经过初一上学期的学习,默默觉得特别累,早就盼着放寒假,这样就可以好好地休息一阵子。放假前几天,默默每天都睡到日上三竿,起床吃饱了饭后,接着又睡午觉,仿佛缺了特别多特别多的觉一样。妈妈看到默默平日里学习努力,也就没有急着催促默默写作业。

有一天,班级群里,历史老师提醒同学们完成历史作业——参观历史博物馆,妈妈这才催促默默:"历史老师交代的作业,要尽快去历史博物馆参观。"默默不以为然地说:"不着急,不着急,等春节后再去。"对于默默的推辞,妈妈尽管着急,却也无计可施,只好无奈地说:"好吧,你别到了最后无法交差,那就等着被老师批评吧。"1月22日,早晨还一切风平浪静,到了10点多,老师突然在群里发布通知,说受到疫情影响,取消历史作业。默默很遗憾:"哎呀,我还一直都想去历史博物馆呢!这可怎么办呢?"妈妈尽管觉得默默太过拖延,却也安慰默默:"没关系,疫情很快就会过去的。春节后,说不定就可以正常行动了,不过下次有任何事情,你都要尽早去做。"到了23日晚上,武汉因为疫情影响,突然宣布封城。此后,疫情越来越严重,就连开学的日子都延迟了。看到去历史博物馆参观的事情变得遥遥无期,默默感到很懊丧。妈妈说:"看看吧,即使距离开学还有很多日子,你也未必有机会去历史博物馆。虽然我们做每件事情都需要耗费时间,但是在一些特殊的情况下,即使有时间,也未必有机会,也未必有适宜的条件。"默默这才深刻意识到妈妈为何总是让他珍惜时间,尽早做很多事情。他感慨地说:"妈妈,我知道您的意思了,我以后会避免拖延的。"

在这个世界上,时间是唯一对每个人都很公平的东西。对每个人来说,一天时间只有24个小时,既不会多一分,也不会少一秒。自古以来,很多名人都提倡要珍惜时间,因为时间是非常宝贵的,是故所有事情都必须付出的成本。但是,在一些特定的情况下,即使有时间,也未必能够把事情做好。古人云:"天时地利人和",就是告诉我们,要想获得成功,需要具备很多方面的因素。

三国时期,诸葛亮万事俱备只欠东风,这样的谋算并非人人都能实现。那么,对普通人来说,在时间充裕的情况下,就应该把很多事情做在前面。尤其是孩子,往往都会有拖延的表现,而且也有极少数孩子已经拖延成性,哪怕事到临头依然想着拖拖拖。其实,时间之所以存在,目的并不是让我们等到最后。与其等到时间紧迫,火急火燎地去完成很多事情,还不如提前把事情做在前面,这样一来就可以节省很多时间,给自己回旋的机会和余地。

现在,很多青少年都处于努力学习的阶段,更需要学会合理分配时间,及时完成学习任务。每到周末,原本应该是轻松愉快的学习和休闲时光,却有很多青少年都把作业留到周日晚上完成,那么一旦周日晚上有突发情况需要处理,就会导致无法完成作业。也有的孩子会说,没关系,即使有突发情况也很快就能处理好,他们没有想到的是,如果身体出现异常,例如感冒、发烧、拉肚子等,即使有大把的时间也无法强撑病体完成作业。既然如此,何不趁着周末才刚刚开始,时间宽松的时候,尽快完成作业呢?

也有些青少年盲目自信，觉得自己只需要花费很少的时间就能完成需要做的事情，一旦他们对自己过度高估，当发现事情又很棘手时，就会因为能力有限、时间所剩很少，而措手不及。不管做什么事情，都应该未雨绸缪，才能把事情做得更好。因而在日常生活中，青少年一定要有意识地纠正自己凡事都拖延的坏习惯，就像有些人喜欢把闹钟提前五分钟一样，青少年也可以把完成作业或者其他事情的时间提前一个小时，甚至两个小时。这样一来，就能感受到从容地享受时光的美好，也能够做好充分准备，从而圆满地完成很多事情。

时间并不是万能的良药，也不能解决一切问题。只有真正能够合理安排时间，充分利用好时间的人，才能成为时间的主宰，让时间在生命的历程中绽放出绚烂的光彩。

养成倒计时的好习惯

自从进入初三下学期的学习，妈妈就总是催促塔塔一定要努力学习，加快节奏，因为距离中考的时间只剩下100多天啦。但是，塔塔对于妈妈的催促不以为然："还有100多天呢，时间还多着呢，你能不能不要总是这样催促我呢？"为此，妈妈和塔塔争执过好几次，每次都争得面红耳赤，谁也说服不了谁。

如何才能让塔塔珍惜时间，从慢吞吞的状态变得雷厉风行呢？妈妈思来想去，决定提前制作倒计时的牌子挂在家里，让时间变得可见。妈妈制作倒计时的第一天，显示距离中考还有108天。此后每过去一天，倒计时牌子上的数字都会减少一天。很快，倒计时显示牌上的时间就变成了99。看着距离中考的日子从三位数变成了两位数，塔塔不由得紧张起来。她在每天磨磨蹭蹭的状态中感到了危机，当时间只剩下79天时，塔塔主动制订了每天的日程计划，决定要严格按照计划上的时间来规律作息和学习。看到塔塔的改变，妈妈开心极了。

等到时间还剩下59天时，塔塔索性制作了一个小的倒计时牌子，放在书桌上，每天复习累了，就抬头看看倒计时的时间，马上就能振奋精神，充满力量，继续全力以赴地投入学习。终于，倒计时的牌子上只剩下0，中考的日子到了，塔塔雄赳赳、气昂昂地准备奔赴考场，还叮嘱妈妈要把倒计时的牌子留下来作为纪念呢。她说:"妈妈,我之所以能够做好充分的准备,胸有成竹地奔赴考场,都是这个倒计时牌子的功劳,也是您的功劳。在有倒计时的牌子之前,我从来没有意识到时间过得这么快,更没有危机意识。现在,我知道了,时间正在一分一秒地流逝,人生中的每一天都不会重来。我必须抓紧时间学习,未来还要抓紧时间工作,享受生活!"

很多青少年之所以拖延,就是因为缺乏时间意识,也没有形成时间观念。在漫长的人生中,青少年恰如初升的太阳,正处于冉冉升起的阶段,对于时间很容易忽视。采取倒计时的方式,让青少年对时间的流逝有明确的感知,从而能够珍惜时间,这是很重要的。

当然,采取倒计时的方式未必要在小升初、中考、高考的特殊时段才能使用。其实,在日常生活中,很多时候都可以采取倒计时的方式。例如,孩子早晨洗漱很磨蹭,那么可以准备一个有趣的沙漏,为孩子限定几分钟的时间。再如,孩子写作业磨蹭,可以准备一个番茄闹钟或者其他计时器,让孩子在特定时间内完成相对应的作业量。看起来,这些都是小事情,但是对于帮助孩子形成时间意识、树立珍惜时间的观念,也切实提升对时间的利用率,都是很有好处的。那使用倒计时的办法帮助孩子感知时间和利用好时间,具体有哪些好处呢?

首先,倒计时能够以直观的方式让孩子看到时间的流逝,这样一来,孩子才能从对时间无感,到对时间的流逝有明确的感知。

其次,倒计时可以激发孩子的危机意识,让孩子意识到时间正在悄然流逝,人生中的每一天一旦逝去,都绝不可能再来。

再次,父母在给孩子倒计时的同时,为了改掉自身拖延的坏习惯,也可以采取倒计时的方式限定时间,例如吃饭的时候用沙漏限定时间,早晨起床之后用沙漏限定十分钟内洗漱完成,等等。如果父母做出表率,对孩子言传身教,相信孩子会更愿意接受倒计时,也会以倒计时的方式控制时间。

最后，倒计时有助于促使青少年当即展开行动。对于绝大多数拖延症患者而言，最难的不是坚持行动，而是开始行动。倒计时能够以倒推的方式，帮助青少年意识到自己还剩下多少时间完成既定的任务，从而提醒青少年必须当机立断采取行动。一旦真的开始行动，青少年就会发现原本设想出来的那些横亘在眼前的困难，并非真的是不可逾越的障碍。行动力是解决一切问题的根源，也是最为直接的力量所在。只有采取行动，青少年才能战胜无数未知的困难，否则一旦停滞不前，被设想出来的困难吓倒，就会令人陷入真正的失败旋涡中。

化繁为简,一切都很简单

期盼已久的暑假终于到来了,徐璋既高兴,也忧愁。高兴的是,每天终于不用天不亮就起床去上学了,忧愁的是,暑假作业这么多,什么时候才能写完呢?看着堆积如山的各种作业,再看看愁眉苦脸的徐璋,妈妈也不禁同情起徐璋来,私底下和爸爸说:"现在的孩子作业真多,这还不包括上课外班呢!"爸爸对此却不以为然,特意找到徐璋说:"现在不吃苦,将来更吃苦。作为学生,就是要好好学习,天天向上。况且,暑假这么多天,有多少作业写不完啊!愚公移山的故事听说过吧?再多的作业,只要平均到每一天按时完成,总有完成的那一天。"

在爸爸的启发下,徐璋马上制订了详细周密的计划,每天什么时候起床,什么时候睡觉,完成多少作业,徐璋都进行了精确化的计量。看到原本堆积如山的作业被分成一天天的作业量,徐璋突然发现每天只需要花费三个小时,就能完成当天的作业任务。他不由得忧愁尽消,开心地对爸爸说:"爸爸,这样看来,我每天只需要用半天写作业,在没有课外补习班的日子里,我还可以休息大半天时间,或者和同学玩,或者看电影呢!"爸爸也高兴地笑起来:"没错,如果你能提前完成一些作业,我和妈妈还可以休年假,带你出去旅行呢!"徐璋兴奋不已,一蹦三尺高:"真的吗?真的吗?想去哪里都可以吗?"爸爸点点头,徐璋说:"那我想去上海迪士尼,我们班级里有好几个同学都去过迪士尼了。"爸爸说:"当然好,我们可以买三天的通票,不过前提是你要预留出至少五天的时间哦,你愿意在五天时间里每天完成两天的作业吗?"徐璋调皮地冲着爸爸敬礼,大声说:"遵命,长官!"

每当到了寒暑假,孩子们都会喜忧参半,一则是因为他们终于盼来了假期,二则是因为父母往往已经为他们报名了各种培训班要参加,而且还有大量的作业正在等着他们呢!很多孩子对于上培训班也许还不那么抵触,但是对于堆积如山的作业却很抵触。其实,学习既离不开老师传授知识,也离不开坚持完成课外习题,从而更熟练地掌握各种知识。由此可见,完成习题是孩子们不可推卸的学习责任,每个孩子都要全力以赴完成习题。当然,不排除有些孩子因为畏惧大量的习题,而采取拖延的态度。每年寒暑假结束,总有些孩子没有完成作业。面对这样的情况,父母要了解孩子的拖延心理,有的放矢地帮助孩子战胜拖延。具体来说,父母可以从以下几方面来帮助孩子。

首先,面对堆积如山的作业,可以把作业进行分解,这样原本看似不可能完成的任务,就会在每天坚持的"蚕食"之中变得越来越少。又因为把大量作业分解到了每天完成,所以还能保证作业完成的质量。

其次,对于那些难度比较大的习题,可以放在最前面完成,这样后期的心理压力会小些。也可以放在后期去完成,这样通过前期做各种习题可以收到复习的效果,更牢固地掌握知识点,从而相对容易地完成难度较大的习题。

再次,要战胜畏难心理。很多孩子面对难题或者艰巨复杂的任务,之所以采取拖延的态度,就是因为有畏难心理。他们一则担心自己能力有限,不能圆满完成任务,二则担心自己会遭遇失败,丢了面子。其实,一个人即使能力再强,也不可能面面俱到,尤其是孩子,原本就处于快速成长和进步的阶段，在学习上遇到困难和障碍都是正常现象。作为父母，切勿苛求孩子在学习上的表现极尽完美，而是要允许孩子犯错误，也要允许孩子有不懂不会的地方。只要孩子能够端正态度，积极主动地学习，就一定会有很大的进步。

最后，必要的时候，青少年可以求教于他人，例如同学、老师、父母等，都是孩子可以求助的对象。有些孩子在假期会参加各种培训班、补习班，那么还可以在线向这些培训机构的老师求助。这些都是很好的学习方法，只要坚持发问，每解决一个问题，孩子都可以获得巨大的进步。在学习和进步的道路上，青少年切勿急于求成，对于繁重的学习任务，也可以采取化繁为简的方式，按部就班地完成。俗话说："只要功夫深，铁杵磨成针。"不管是对待学习还是对待成长，都要有足够的耐心，也要充满智慧，更要在分解任务之后当机立断展开行动，不断向前推进。

现在，请清理你的书桌

每天晚上6点半，柯克准时坐在书桌前开始写作业。但是，直到晚上11点，他还是没有完成作业，妈妈不由得感到纳闷："即使除去断断续续休息的半个小时时间，柯克也已经写四个小时作业了，为何还没有完成呢？"看着柯克早晨起床时哈欠连天的样子，妈妈觉得老师布置的作业可能是太多了，为此妈妈私下里问了几个家长，家长们都说孩子大概两个半小时就可以完成学校的作业，还可以看会儿课外书呢！听到家长们的回答，妈妈很无奈："就算柯克写字的速度很慢，也不至于要比别人多用了一个半小时，也还不能完成作业吧？"思来想去，妈妈决定对柯克进行观察，看看柯克是否认真完成作业。

经过几天的观察，妈妈发现柯克一直坐在书桌前，既没有看课外书，也没有玩手机。但是，他时不时地就会拿起书桌上的橡皮闻一闻，或者拿起一支笔拆开研究片刻，或者在一张废纸上画画，或者吃几块苹果，喝几口牛奶。看起来，柯克的确没有离开书桌，但是他并不是专心致志地在写作业。妈妈找到了问题的症结，提醒柯克不要三心二意，而要集中精神。然而，书桌上好玩的东西的确太多了，柯克还是东瞧瞧西看看，这里摸摸，那里摸摸。后来，妈妈只得把柯克的书桌收拾得干干净净，而且规定柯克在写作业的时候，只能把需要用到的书本放在书桌上，除此之外书桌上除了台灯，其他的什么都不能有。一开始，柯克写一会儿作业就会起身在房间里溜达，随着保持书桌清洁的时间越来越长，柯克终于能够在更长的时间里保持专注，作业的速度和质量都得到提升。

柯克之所以人在书桌前端坐，但是完成作业的效率却并不高，就是因为他书桌上的东西太多了，很容易分散他的注意力。儿童和青少年，好奇心都很强，而且注意力能够保持的时间很短。他们会受到身边各种人和事物的吸引，在不知不觉间注意力就分散了，这对于孩子的学习和成长当然是不利的。

当发现孩子写作业不能专心致志，效率低下，或者做其他事情也常常三心二意的时候，父母要有意识地帮助孩子学会专注。当发现孩子拖延的原因是因为受到了外界各种因素的吸引，最有效的方式就是引导孩子清洁环境，减少环境中对孩子产生干扰的因素。这样一来，就能从客观方面帮助孩子集中注意力。

很多拖延症患者虽然也讨厌杂乱无章的环境，但是他们却总是拖延，不会当机立断就清洁周围的环境。当他们日复一日地拖延着不愿意清洁环境，周围的环境就会越来越脏乱。从这个角度来说，父母要想帮助孩子戒掉拖延症，除了要督促孩子积极主动地学习之外，还应该为孩子提供整洁干净的家庭环境。当孩子习惯了周围环境的清爽整齐，父母就更容易培养他们爱干净讲卫生的好习惯。看起来，生活的习惯与学习似乎没有太大的关联，实际上却是联系十分紧密的。例如，孩子不能容忍脏乱差的环境，一旦看到家里脏乱，就会马上动手收拾。这个好习惯会影响孩子的学习习惯，让孩子在第一时间就整理好学习文具和书本，也让孩子尽快完成该完成的作业，从而让孩子不愿意把作业延误和累积。

很多时候，父母们误以为对孩子而言，学习才是最重要的，实际上，孩子成长的方方面面之间都有着千丝万缕的紧密联系。一个做事情认真专注、井井有条的孩子，在学习上才会有更好的表现。反之，一个书桌乱七八糟、连需要用的文具和书本都找不到的孩子，是很难在学习上提升效率，进而做到卓有成效的。

第七章
增强自控力,提升执行力

　　自控力差的孩子,面对诱惑,很难控制自己的欲望;面对任务,很难理性地当即执行。当孩子对太多的事情感到好奇,无形中就会分散有限的时间和精力,导致不管什么事情都做不好;当孩子面对艰巨的任务总是退缩,他们就会被想象中的困难吓住,变得停滞不前,无法保持进步。因而,要想帮助孩子戒掉拖延,就要引导孩子增强自控力,提升执行力,从而做到言必信,行必果,不畏缩,不退却,当机立断采取最好的方式战胜困难,超越自我。

好奇害死猫，切勿每件事情都想做

启年是个精力旺盛的孩子，每天都活力满满，好奇心还特别强烈，不管看到什么新鲜事物都想了解，不管遇到什么事情都想亲自去做。小学阶段，启年还能兼顾，到了初中阶段，他觉得时间和精力越来越不够用了。但是，他还是想亲自尝试每件事情，一旦学校里有什么活动，他都第一时间报名参加。

这段时间，学校里要举办运动会，各个班级正在进行报名。启年报名参加了100米接力跑，还报名参加了400米跑，又报名参加了长跑。看到每个报名栏里都赫然写着启年的名字，班主任有些疑虑，问："启年，人家运动员都是擅长长跑或者短跑，你怎么还短跑和中长跑面面俱到呢？你有时间和精力进行这么多训练吗？"启年说："我还想参加更多的项目，例如立定跳远和跳高。"班主任惊讶得张大嘴巴："我觉得你还是从中选择自己最擅长的吧，这样才能集中训练，得到好成绩啊！"但是，启年只同意不报名立定跳远和跳高，而坚持报名三项赛跑。

然而，眼看着距离运动会只剩下几天时间了，班主任也没看到启年进行锻炼，而是和往常一样正常学习和生活。班主任忍不住提醒启年："启年，都已经这时候了，你锻炼了吗？"启年挠挠头："还没有呢，我不知道应该先练什么。"班主任无可奈何地说："看看，当初我让你选择一项赛跑，你却贪心地报了三项。其实，短跑和中长跑是不同的，训练的方向和重点也是不同的。你快去找体育老师对你进行评估，看看你最擅长哪一项，然后当即展开转向训练吧。"在班主任的建议下，启年才征求体育老师的建议，开始了400米跑步的训练。因为训练开始得很晚，而启年还惦记着另外两项比赛不能垫底，所以他三心二意，最终在运动会中不管哪一项比赛，都没有获得好成绩。

原本，以启年的潜力，集中时间和精力进行训练，是可以使他的运动能力爆发出来，在比赛中取得好成绩的。但是启年报名时很贪心，报名后却又拖延，最终导致他没有及时地进行训练，与好成绩失之交臂。有些时候，拖延不是因为懒惰导致的延误，而恰恰是因为太过贪心，所以才会恨不得做好每一件事情，最终却又导致每一件事情都做不好。

不可否认，一个人的时间和精力是有限的。对于孩子们来说，更是如此。尤其是孩子的好奇心很强烈，俗话说，好奇害死猫，其实从某种意义上而言，孩子们的好奇心比猫有过之无不及。为了不分散时间和精力，全力以赴做好最想做的事情，孩子们就要进行取舍。父母可以从以下几方面来引导孩子学会做好取舍。

首先，可以根据事情的轻重缓急进行取舍。每件事情的紧急和重要程度是不同的。对于那些重要且紧急的事情，要将其放在第一位，毫不迟疑地去做。对于那些紧急但不重要的事情，因为急需解决，要将其放在第二位。对于那些重要但不紧急的事情，可以在处理完紧急的事情后去做。对于那些既不重要也不紧急的事情，则可以放缓一些，等到有充足时间的情况下再去完成。

其次，优先做真正想做的事情。孩子们想做的事情很多，他们对于有些事情感到好奇，对于有些事情感到疑惑，对于有些事情完全出于跟风，对于有些事情则是出于真心的喜欢。抛开轻重缓急的因素，孩子们要悠闲地做真正想做的事情。常言道，兴趣是最好的老师，只有对于真正想做的事情，孩子们才会全力以赴地投入其中。

再次，不贪心，控制贪婪的欲望，进行理性的取舍。孩子们不但好奇心强烈，而且会产生各种欲望。然而人心所向，并不全都能得到满足。父母一定要让孩子明白一个道理，即在这个世界上，没有谁所有的欲望都会得到满足，所有的理想都能实现。取舍，原本就是人生之道。拿得起，放得下，更是人生中最高明的境界。心理学领域，关于延迟满足，有著名的棉花糖理论。这个实验告诉我们，那些能够控制自己欲望的孩子，才能获得更好的结果。

最后，父母要成为孩子的榜样，主动控制自己，增强自制力。尤其是不要当着孩子表现出冲动的模样，否则会给孩子消极的作用，给孩子带来不良影响。日常生活中，父母有很多机会给孩子身先示范，做出表率。正如曾经有人说的，青春肆意的人一旦当了父母，马上就要谨言慎行起来，才能给孩子当好榜样。

必要的时候，父母还要教会孩子换位思考。很多孩子一旦产生强烈的欲望，就无法保持理性的思考，甚至因为冲动做出过激的举动。那么这时，父母要带着孩子一起置身事外，站在旁观者的角度，才能更清楚地看清事实，也才能进行理性的分析。当然，孩子的成长绝不是朝夕之间就能完成的，而是一个漫长的过程。父母要耐心陪伴与呵护孩子成长，孩子也要主动地激励自己，提升自控力，增强行动力，从而把更多的事情做得更好。

告诉全世界，你已经向拖延宣战

马丽是个典型的拖延症患者，不仅在生活中邋里邋遢，在学习上也总是拖延。其他同学两个小时就能完成的作业，马丽需要四个小时才能完成；其他同学早晨6点起床，7点就能到教室开始读书，而马丽即使5点半起床，7点也未必能坐到教室。眼看着马丽越来越落后，这可急坏了她自己。

其实，马丽也知道自己的拖延症很严重，但她就是戒不掉。期中考试，马丽又因为拖延而没有及时完成试卷，考试成绩很差。她下定决心一定要改掉拖延。马丽看了关于拖延症的资料，了解了一些戒掉拖延的方法，决定要采取宣告世界的方式，向拖延症宣战。原来，马丽此前曾经无数次暗暗下决心要戒掉拖延，但是都以失败而告终。这次，她想尝试一下戒掉拖延的新方法，即采取宣告世界的方式让自己没有退路。这天早晨，马丽又迟到了，老师罚她站在教室门口，她突然冲向讲台大声说："我发誓，这是我最后一次迟到，以后如果我再迟到，那么每迟到一次，我就请所有人吃一次冰激凌。"听到马丽的话，同学们全都笑着起哄，老师也难以置信地看着马丽说道："马丽，请全班同学吃一次冰激凌要花很多钱，你确定要这么做吗？"马丽点点头，毫不迟疑地说："嗯嗯，我保证，我绝不反悔。"

次日，同学们到学校都很早，原来大家都惦记着吃冰激凌，所以要监督马丽呢！然而破天荒第一次，马丽6点50分就到了学校，坐在教室里开始读书。看到同学们诧异的眼神，马丽自豪地坐在座位上开始朗读。接连几天，马丽都早早到校。但是有一天早晨，马丽迟到了一分钟，原本同学们一致同意不让马丽请吃冰激凌，但是马丽还是拿出了自己的压岁钱，请同学们吃了冰激凌。老师问马丽："马丽，你这次的决心为何这么大呢？"马丽说："以前，我总是暗暗下决心要戒掉拖延，但总是失败。这一次，我把要戒掉拖延的事情告诉了所有同学，所以我就不能再食言了。虽然这次因为我迟到要花钱请同学们吃冰激凌，但是我心里很开心，我想接下来我会有更大的动力戒掉拖延。"

其实，马丽不仅在努力改掉迟到的坏习惯，在日常活动、完成作业等方面，也在加油戒掉拖延。每当决定要戒掉一种拖延行为，马丽都会告诉身边的人，诸如老师同学、父母亲人等。她发现，越是告诉的人多，她戒掉拖延的动力也就越强。

马丽为何能戒掉顽固的拖延呢？就是因为她采取了宣告世界的方式。当然，这里所说的宣告世界并非真的告诉全世界，而是告诉身边的其他人。正如马丽所感受到的那样，越是知道的人多，戒掉拖延的动力也就越强。从心理学的角度来说，人人都希望自己外在的表现能够和其言行保持一致，这样可以避免给人留下糟糕的印象。因此，如果一个人想要戒掉拖延，只是默默地告诉自己，那么自己是很难监督自己的，即使食言了，也无须面对他人的质疑。但是，如果一个人把自己要戒掉拖延的决定告诉了身边的人，那么当他们没有兑现承诺时，他们就会感到很羞愧，也会感到很内疚。这样一来，他们就会产生内部驱动力，督促自己更加积极主动地战胜拖延。

对于青少年而言，他们在最初决定要做一件事情的时候，如果没有十足的把握，就不愿意告诉其他人。这是因为他们很担心自己一旦不能做到，会因此而受到其他人的嘲笑。这是胆怯的表现。有些青少年恰恰相反，正是因为他们知道自己也许无法做到，所以他们偏偏把自己的决定告诉很多人，让大家都监督他们兑现诺言。这样一来，他们就会骑虎难下，哪怕在向世界宣告之后又后悔了，也根本无法把说出去的话收回来。也许他们逼着自己，就真的把难以完成的任务完成了。

具体而言，把自己戒掉拖延的计划告诉他人，有以下几个好处。

首先，可以得到他人的鼓励，也可以得到他人的支持和监督。这样一来，原本自我管理能力薄弱的人，就可以借助他人的力量，增强戒拖的动力和自信心。

其次，可以得到他人传授的经验。众所周知，每个人的成长背景、人生阅历、能力水平都是不同的。俗话说："三个臭皮匠，赛过诸葛亮。"如果能够把他人的经验拿来激励自己不断进步，那么青少年戒掉拖延的坏习惯就会事半功倍。

最后，因为爱面子，不好意思把自己说过的话抛之脑后，不好意思当着别人的面打自己的脸。人人都爱面子，尤其是孩子，往往更顾及自己的面子。与其届时被别人指责言而无信，不如从现在开始争取兑现自己的承诺，让别人对自己竖起大拇指。

每个人在社会生活中都是有圈层的。如果孩子在把自己戒掉拖延的决心宣告世界时，还能号召身边的人也开始戒掉拖延，那么就会在身边形成良好的环境和氛围，和身边的人一起相互鼓励，相互支持，尽早战胜拖延的坏习惯。孩子还可以和志同道合的同学、朋友成立戒掉拖延小组，建立戒掉拖延微信群等，每天在群里说说戒掉拖延的心得，也可以传授自己亲身试验、效果良好的戒掉拖延的方法，与小组成员分享，这些都是卓有成效的戒掉拖延途径。从现在开始，再也不要因为自己有拖延症而羞愧，更不要保守自己决心戒掉拖延症的秘密。只有当机立断把自己的戒掉拖延的决定说出来，让全世界都成为自己的见证，青少年们才能鼓起勇气戒掉拖延，也才能有足够的力量当在戒掉拖延的过程中陷入艰难处境的时候，始终坚持不懈，决不放弃。

任何时候，都不要放任自己

寒假到了，妈妈从寒假一开始就告诉豆丁：只有放假之初的三个晚上和大年三十的晚上可以熬夜，其他日子里，必须保持正常的作息。就这样，寒假刚刚开始，豆丁就进入狂欢状态，白天不写作业，晚上不睡觉。寒假第一天晚上，他甚至熬了个通宵，先是玩游戏，后又看电视，爸爸妈妈都不干涉他。次日，豆丁就蔫巴了，从早晨睡到下午，起床之后，等到夜晚到来，他又睡不着了。就这样，豆丁昏天黑地地度过了三天。

今天是豆丁和妈妈约好恢复正常作息的日子。因为头一天晚上睡得太晚，豆丁早晨起不来，虽然定了闹铃，但是又是一觉睡到中午。中午起床，豆丁脑袋昏昏沉沉的，压根不想看书，也不想写作业，更不想学习。傍晚妈妈下班回到家里，询问豆丁是否完成了当日的任务，豆丁敷衍了事地点点头，都不敢看妈妈的眼睛。当天晚上，豆丁可精神了，虽然妈妈几次三番督促他要早点儿睡觉，他也的确关掉了电视，但是他躺在床上看课外书到半夜。如此几天过去，豆丁每天继续过着晨昏颠倒的生活，因为外出上班，白天不在家的爸爸妈妈根本不知情。直到有一天，老师在班级群里要孩子们的作业，妈妈才提出要检查豆丁的作业。

豆丁慌了，他不知道该怎么和妈妈交代，吞吞吐吐一句话也说不出来。

妈妈这才知道豆丁每天都睡得很晚，早晨中午才起床，下午又忙着看电视，作业还没开始写呢！妈妈无奈地说："自律的人最自由，既然你如此不自律，我只能在每天上班前就叫醒你，并且亲眼看到你起床了。"豆丁后悔极了，原本他可以8点钟起床，但是现在，妈妈6点半起床，7点钟出门，所以每天都6点半喊他起床。虽然很困倦，但是豆丁知道这都是因为他缺乏自制力导致的，他只好早早起床，好让妈妈安心去上班。

每个人都渴望得到绝对的自由，然而，这个世界上根本没有绝对的自由。一切的自由都是在规矩约束内的自由，只有懂得自律，也能够管理好自己的人，才能享受真正的自由。反之，如果总是放任自己，对于很多事情都纵情恣意，对自己从来不加以约束，那么只会让自己更加失去自由，不得不接受外界的约束，才能表现更好。

尤其是青少年，虽然比儿童时期有所成长，但是依然充满好奇，而且很容易情绪化。此外，青少年正处于快速成长和努力学习的人生阶段，更容易受到本能的驱使，随心所欲地做一些不该做的事情。一个人如果想养成好习惯，就需要长期努力，坚持不懈。而如果不管理和约束自己，很快就会在本能的驱使下形成坏习惯。这是为什么呢？就是因为好习惯的养成需要与人的趋利避害的本能相对抗，而坏习惯的养成则顺应人的本能驱使，不需要过度约束和刻意管理自己，就可以在行为上表现得越来越差。

现代社会，随着生活水平的提高，胖人越来越多。这是为什么呢？食物极大丰富，品种繁多，这是一方面的原因。另一方面的原因就是，人们在美食的诱惑下失去了自控力，不能很好地控制食欲，所以导致对自己的身材失去管理，很快就会在胡吃海喝之下使身材变形走样，整个人也变得赘肉横生，越来越颓废。

要想戒掉因为放任而起的拖延，首先，要树立明确的目标。例如，孩子在学习上要想避免拖延，有所进步，就明确自己在下一次考试中成绩想提高多少分，或者名次想上升多少名。再如，如今教育部门非常关注孩子们的身体健康，注重提升孩子们的身体素质，可是在体育课上，很多的小胖墩都跑不动，也跳不高。为了循序渐进地提升身体素质，就可以为自己设定每天跑多少米，或者每周多跳多少次绳子的目标。看起来，这些目标的跨越度并不大，但是只要长期持之以恒，坚持努力，就会取得非常好的效果。水滴石穿，绳锯木断，说的就是这个道理，所以孩子们在确立目标的时候无须贪心，只要根据自身的实际情况循序渐进地制定适宜的目标即可。

其次，要当机立断采取行动。每天清晨起床，孩子们睡意正浓，一定不愿意从温暖舒适的被窝里出来。尤其是在寒冷的冬天，能够在被窝里睡到自然醒，简直是最大的幸福。然而，越是在被窝里缠绵，起床就会越困难。既然注定要早起，上学一定不能迟到，与其定很多闹铃一次次地在熟睡和惊醒的状态中交错，不如只定一个闹铃，一旦听到闹铃响起，就马上毫不迟疑地从被窝里坐起来，让自己接受冷空气的沐浴，这样才能有效地缩短起床所用的时间，让自己从起床难到起床干脆利索，从而整个早晨都会因为有了充裕的时间而神清气爽，一整天的学习状态也会很好，学习效率更是能够得到有效提升。

最后，对于重度拖延症患者而言，还要树立当即戒掉拖延的信心，避免自己被放任自我的行为麻痹。人的本能就是趋利避害，每个人都有很强的惰性，所以就要时刻与自己的惰性作斗争。尤其是孩子，原本就缺乏自我管理的能力，意志力也相对薄弱，父母更是要时刻鞭策和激励孩子，在成长的道路上战胜惰性，勇往直前。有些时候，很多的困难只存于想象之中，如果孩子能够当机立断采取行动，相信事情会在不断推进的过程中有所转机，孩子们的畏难心理也会相对减弱，那么就更富有信心和勇气，从而超越自我，战胜自我，把拖延远远地甩掉。

戒掉懒惰，你与拖延的战役就胜利了一半

俗话说："好吃不如饺子，舒服莫若躺着。"晓宇就是如此，他最爱吃饺子，也最爱舒服。能坐着的时候，他绝对不站着；能躺着的时候，他绝对不坐着。每当到了周六日，晓宇最想做的事情不是和同学们一起出去玩，也不是待在家里看书，而是赖床。他的睡功了得，只要不上学，他就可以从头一天晚上10点，睡到次日中午十一二点。往往都要等到太阳晒屁股了，妈妈也把丰盛的午餐做好了，他才能被肚子里的馋虫叫醒。起床之后，饥肠辘辘的他简单洗漱之后，就坐在餐桌前开始吃饭。等到吃饱喝足，再稍微休息片刻，时间往往已经下午两点了。就这样，周末，晓宇一个字都还没有写呢，大半天就已经过去了。正是因为如此懒惰和拖延，每到周末，晓宇写作业的速度还没有平日里快。有的时候，已经到了周日晚上，他才争分夺秒地伏案疾书，直到深夜才能完成所有作业。对于晓宇这样的表现，妈妈几次三番批评教育，都收效甚微。

进入初中之后，作业量大增。晓宇每天晚上都写作业写到很晚，尤其是周末，更是很难完成作业。很快，就到了十一假期，足足有七天假呢，晓宇高兴极了，又开始期待在假期里能够好好地睡懒觉。妈妈这次决定未雨绸缪，让晓宇先制订学习计划，然后按部就班地完成作业。晓宇当然不愿意，但是在妈妈的强制命令下，他无计可施，只得照办。这次假期，在

妈妈的督促下，晓宇终于把作业完成了。他带着圆满完成的作业去学校，感到很开心。看着他兴高采烈的模样，妈妈语重心长地说："晓宇，你很聪明，也很机灵，唯独有一个缺点，就是懒惰。如果你能够战胜懒惰，妈妈相信，你与拖延的战役就成功了一半。当然，人人都会懒惰，都不想花费力气，但是人活着一定要有目标，一定要努力拼搏，这样才不辜负宝贵的生命。你说呢？"晓宇的假期作业得到了老师的表扬，他很开心，因而连连点头："妈妈，幸好你一直在督促我，否则我肯定也会像其他同学一样，因为不能按时完成作业，而被老师批评。我觉得，完成作业的感觉太好了。"妈妈也感慨地说："是啊，对于一些事情，既然注定了要去做，就要努力做到最好，而且要尽量提早完成，这样在遇到特殊情况的时候，才能有时间回旋。这其实是给自己留有余地，也让自己有时间去弥补不足。"晓宇激动地说："嗯嗯，我以后一定不懒了，要变得勤快一些，把很多事情都做得更好。"

　　青少年很容易被懒惰征服，这是因为懒惰让他们只做自己想做的事情，对于自己不想做的或者需要耗费大量时间和精力的事情，他们根本不愿意去做。也可以说，懒惰是人的本能，青少年表现出懒惰正是顺应本能的。所以懒惰不是后天形成的，而是天生的，那些勤劳的人正是因为能够战胜懒惰，严格自律，才能把该做的事情做好，也才能在人生的道路上不断努力，积极进取。

　　懒惰和拖延总是狼狈为奸，懒惰像人生道路上的拦路虎，会破坏生命蓬勃向上的状态，拖延则是懒惰的亲兄弟，为懒惰助纣为虐。对于青少年而言，偶尔懒惰并没有大碍，但是如果在很长时间内都很懒惰，懒惰成性，就会停滞不前，不思进取，也会在做很多事情的时候都敷衍了事，得过且过。《增广贤文》道："学如逆水行舟，不进则退。"长此以往，青少年不能保持进步的状态，就会被其他人远远地甩下，从而失去自信。

现代社会，还有很多青少年也喜欢赶时髦，喜欢"宅"在家里。他们懒得下楼，懒得运动，懒得与人沟通，懒得发展兴趣爱好。或者只喜欢玩游戏，或者只喜欢睡懒觉，渐渐地他们被冠以"宅男""宅女"的称号。不得不说，这是很糟糕的状态，对于青少年的成长绝无好处。整个世界都处于日新月异的发展变化之中，如果青少年总是把自己封闭起来，不愿意敞开怀抱接纳世界，局限自己的视野和眼界，鼠目寸光，只能看到眼前的方寸之地，那么他们如何能够快速地成长和进步呢？明智的青少年会逼着自己走出家门，走入社会，也会逼着自己怀着包容的态度，海纳百川，在辽阔的人生天地中一飞冲天。

俗话说："勤能补拙是良训，一分辛苦一分才。"对于孩子而言，正处于人生中快速成长的关键时期，哪怕不够聪明，也要努力学习，以勤补拙。如果本身就有天赋，则更要努力学习，勤奋刻苦，从而取得比他人更好的成就。这也就是说，孩子们不管天赋如何，都要勤奋，才能取得进步，保持成长。任何人，只要沾染上懒惰，就算天赋极佳，也很难获得长足的进步。

人生是漫长的过程，某个人也许凭着运气能够一时轻松，却无法凭着运气获得长久的轻松。正如一句网红语所说的："努力未必会有收获，不努力就会毫无收获。"既然如此，为何不克服懒惰，以努力勤奋为自己争取到更多的机会，也让自己获得长足的进步和成长呢？孩子们，从现在开始就克服懒惰吧，你会发现一旦与勤奋成为朋友，拖延也就无处遁形了。

未雨绸缪制订计划，从容不迫应对突发情况

升入初中，很多同学都告别了小学阶段的懵懂状态，似乎在一夜之间成长起来了，更懂事了，更知道学习了，也意识到了未雨绸缪的好处，开始学着制订计划了。然而，刘丹却依然故我，她生性自由，最讨厌约束，如非万不得已，自然不愿意以制订计划的方式限制和禁锢自己。另外，最要命的是她还很爱拖延，对于老师交代的学习任务，常常要拖延到最后一刻才会完成。初一阶段，学习没有那么紧张，刘丹还能应付。到了初二，不但新增了课程，而且学习任务也加重了，刘丹常常手忙脚乱，如同无头苍蝇一样无法应对。

这天晚上，刘丹回到家里很高兴，还告诉妈妈："今天作业很少，我可以早点休息啦！"吃完晚饭，刘丹和往常一样在屋子里溜达着散步、消食，看到爸爸正在看一个好看的电视节目，刘丹忍不住恳求妈妈："妈妈，我可以看会儿电视吗？今天作业少，只需要一个多小时就能完成，我想8点钟开始写，9点半洗漱睡觉。"想到刘丹平日里学习的确辛苦，妈妈就答应了。然而，就在8点10分，刘丹才刚刚开始写作业十分钟，班级群里一位老师布置了当晚的作业，原来这门学科不是没有作业，而是老师忘记布置了。这门学科的作业量还不小呢，刘丹欲哭无泪："老师怎么现在才布置作业呀，我原本的作业才刚开始写呢！"妈妈原本想批评刘丹浪费了时间看

电视，转念一想，刘丹也是得到了她的同意才看电视的。因此，妈妈先进行自我检讨："哎呀，这次咱们都疏忽了。如果你能尽早完成已经布置的作业，现在都应该完成了，那么就算再有作业，才8点多，也是来得及写的。都怪妈妈没有想得那么周全，答应了你先看电视的请求。下一次再遇到这种情况，一定要先完成作业，如果继续布置就继续写，如果没有布置，在完成作业之后再看电视也完全可以啊！"刘丹由衷地对妈妈竖起大拇指，也积极地进行自我反省："不怪你，妈妈，怪我没有制订计划，如果我早早地制订计划，先完成已经布置的作业，那么就可以调整计划，随机应变了。"这次突发事件，让刘丹和妈妈都反思总结了经验教训，在今后的日子里有效避免了同样的情况再次发生。

虽然人们常说"计划没有变化快"，但是这句话并非劝诫我们不要制订计划。而是说，在制订计划的时候，要考虑到未来的变数，也要给计划留有变动的空间，这样才是真正的未雨绸缪，也才能在遇到变数的时候及时调整计划，从容应对突发情况。制订计划对孩子的生活有哪些好处呢？

制订计划的好处之一，就是在事情没有发生之前，就能进行设想，也可以有效地推断事情的走势，从而做到心中有数。这样一来，当出现突发状况时，孩子们就会因为心中有所预期而不至于感到慌乱或者手足无措。

制订计划的好处之二，就是合理安排时间。很多拖延的青少年，都是因为缺乏时间观念，不能合理安排时间，才会对各种事情推三阻四，效率低下的。时间，是做一些事情的成本，但是很多孩子都没有意识到时间的重要性，制订计划恰恰可以把无形的时间固定在计划表格上，让孩子知道只有在特定的时间段完成特定的事情，才能真正地主宰时间，一旦遇到危急的情况，就可以把原本用于灵活调用的时间整合起来，作为应急资源使用。

制订计划的好处之三，就是有助于坚持。很多孩子做事情都特别随意，他们高兴了就把事情做得好一些，没有兴致的情况下，他们就会拖延，似乎拖延真的能解决问题。其实，拖延除了耽误时间，贻误时机之外，对于解决问题没有任何好处。既然拖延不能解决问题，何不当机立断抓住解决问题的好时机，开始行动呢？在计划的指引下，按部就班做好该做的事情，遇到突发情况就随机应变，这才是最理想的状态。

当然，还有一个前提条件需要注意，即哪怕严格执行计划，如果没有制订合理的计划表，就无法保证执行计划的效果。这要求孩子们在制订计划之初，就考虑到各种情况发生的可能性，从而做好"计划赶不上变化快"的心理准备，也有意识地为应付突发情况留出时间。

每天进步一点点

初二，丝丝在英语学习方面感到越来越吃力了。小学阶段，她的英语学习就不是很好，初一，她很努力才能跟上老师教学的节奏。现在进入初二，每天都有大量的单词、短语需要背诵默写，每隔几天还需要背诵一篇英语课文，这让她更加觉得力不从心。尤其是在上英语阅读课时，她根本听不懂老师在讲什么，也无法回答老师的问题。上英语阅读课就像听天书，这可怎么办呢？丝丝越来越焦虑，有的时候晚上睡着了都会惊醒。看到丝丝的学习压力这么大，妈妈四处咨询，想要帮助丝丝提升英语成绩。

有一天，英语八级的小姨说："学习英语其实很简单，就是背诵，背诵单词、短语和课文，当然，先要背诵单词。然后，再掌握了基本的语法，就可以了。应付考试还需要更细致地学习，如果是和外国人沟通，先要掌握语言表达需要的单词短语等，再以基本的语法把这些语言材料贯穿起来，就可以进行简单沟通和交流了。"听到小姨说得如此轻描淡写，丝丝露出难以置信的神情。小姨似乎看透了丝丝的心思，说："学习英语，千万不要被吓住。这样吧，从现在开始，你不要再想着提升英语成绩或者什么远大的目标，你就听我的，这个暑假，每天坚持背诵5个英语单词，这样60天下来，你可以背诵300个英语单词，一定会进步很大。"说完，小姨还劝说丝丝妈妈："姐姐，你先不要给丝丝报那些高大上的英语培训班了，丝丝基础差底子薄，这会让她对英语学习更畏惧的。你把丝丝交给我，我每天安排她背诵单词，再教她大声阅读英语课文，再给她梳理语法，一个暑假之后，比上培训班的效果好得多。"丝丝妈妈处于病急乱投医的状态，听到英语八级的小姨打包票，妈妈迫不及待地把帮助丝丝提升英语学习的重任交给了小姨。

丝丝得知自己每天的任务只是背诵五个英语单词、读五遍英语课文和学习一个语法知识之后，她感到很轻松。小姨说："千万不要觉得这个任务很轻松就能完成，虽然学习任务轻，但是我要求你百分之百地掌握，能做到吗？你如果保证能做到，我们就一直这么轻松。你如果投机取巧，那么我只能对你展开题海战术了。"丝丝当然答应了小姨的要求，每天都积极地背诵单词，熟读课文，和小姨学习语法知识也很认真。充实的日子总是过得飞快，转眼之间，暑假过去了。丝丝并不觉得自己有显著进步，但是开学之后上第一节阅读课，丝丝惊奇地发现她居然能听懂老师的提问了。丝丝兴奋不已，迫不及待地想要用中文回答老师的提问。放学，她既高兴又忧愁地对小姨说："虽然我能听懂老师提问，但是我只能用中文回答，不能用英文回答。"小姨神秘莫测地笑起来："那么，你想用英文回答老师提问吗？"丝丝毫不迟疑地点点头："当然！当然！"小姨说："继续坚持，每天进步一点点，每天背诵五个英语单词，熟读一篇英语课文至少五遍，大概占用你半个小时的时间。你能做到吗？"经过60天的坚持背诵，丝丝已经对这两项任务很熟悉了，她觉得自己完全可以胜任。小姨又说："每个周末，我集中给你讲三个语法知识点。这样，还和暑假的学习节奏差不多。如果你能坚持一个学期，再坚持一个寒假，下个学期就能流利地用英语回答老师的提问了。"现在，丝丝对小姨的话深信不疑。就这样，她从畏惧英语学习，拖延学习英语，到坚持每天打卡，学好英语单词，熟读英语课文，终于在英语学习方面树立了信心。初三毕业时，丝丝的英语学习成绩在班级里名列前茅。

很多青少年都会犯一个错误，即在学习上好高骛远，急功近利。其实，对于每一个人来说，学习都是漫长的过程。不管是谁，要想学有所成，都要经过长期的坚持，都要在长年累月中进行积累。尤其是对基础学科的学习，诸如语文、英语等，都是为了学以致用，那么就要更加注重积累。事例中，丝丝面对英语学习非常畏惧，幸好英语八级的小姨深谙学好英语之道，教给丝丝循序渐进学习英语的好方法，从而成功地消除了丝丝对英语学习的畏惧心理。在不断的积累中，丝丝从听不懂英语老师上课，到可以听懂英语老师上课，再到能够以英语回答英语老师的提问，进步是显而易见的。

看到这里，相信有很多父母都希望自家孩子也能有这样的进步，也有很多青少年朋友都希望自己也能做到和丝丝一样，那么就要学习这个慢的方法。古人云："欲速则不达。"在学习上，一味地贪多求快，是根本不现实的。对待学习，青少年一定要有耐心，父母也要收起望子成龙、望女成凤的迫切愿望，陪伴在孩子身边，尊重孩子的成长节奏，引导孩子更快乐地成长。

每天进步一点点，哪怕只是微小的进步，也能帮助孩子战胜拖延。在得到小小的进步或者收获小小的成功之后，孩子一定会受到激励和鼓舞，原本垂头丧气的他们，马上就会鼓起信心和勇气，拼尽全力争取做到更好。其实，再伟大的事业，再了不起的成功，都是由小小的进步和成功累积起来的，孩子的成长更是如此。孩子理应脚踏实地地进步，理应点点滴滴地积累，从而让自己的人生能够实现从量变飞跃到质变，从普通超越平凡到卓尔不凡。

父母减少"他控",孩子才能"自控"

从小,果然就很听爸爸妈妈的话,尤其愿意听妈妈的话,是出了名的乖乖女。不管做什么事情,果然都要得到妈妈的指令,如果妈妈不让她做某件事情,她即使再想做,也不会做。果然正在读小学六年级,正面临小升初的考试,需要填报志愿呢。妈妈希望果然能考入一所重点中学,然而,以果然现在的成绩,要想进入这所初中需要非常努力去拼搏,而且即使这样,也未必有百分之百的把握。其实,果然内心里很想去一所普通初中,她的好朋友就要去那所初中。果然几次都想告诉妈妈她的心愿,但是看到妈妈那么激动地鼓励她考入重点初中,她就把已经到了嘴边的话又咽了下去。

爸爸妈妈自从商定让果然考取重点初中,每天都会如同唱双簧一般,在果然面前说重点初中的各种好处。在他们的轮番轰炸下,果然产生了逆反心理,终于说出了自己想进入普通初中的想法。这下可不得了了,爸爸妈妈得知果然的真实想法之后如临大敌,更是变本加厉地游说果然,还给果然报名参加了各种提优班、冲刺班。但是,果然不仅不再像之前那么听话,还时常与爸爸妈妈对着干,逃课不去上学,或者公然在爸爸妈妈面前说自己只想上普通中学。眼看着果然越来越叛逆,妈妈意识到一个问题:"我们现在这样强迫果然,会不会产生相反的效果啊?我怎么觉得果然越来越叛逆了呢？"爸爸也意识到问题的存在，对妈妈说："要不，我们换个策略？既然强扭的瓜不甜，不如告诉果然我们只是建议，让她自己做出选择吧。我想，她肯定知道重点中学的好处，就算她真的想去普通中学，我们也强求不了她。"经过一番商议，爸爸妈妈统一口径，对果然说："果然，选择去哪一所中学，是你的权利和自由。我们只是给你参考意见，不会强求你的，你可以自己衡量重点中学和普通中学的优缺点，不管你做出怎样的选择，我们都支持你。"听到爸爸妈妈的话，果然难以置信地看着爸爸妈妈。自从这次表态之后，爸爸妈妈再也没有在果然面前刻意提起重点中学的好处和普通中学的不足。果然呢，因为另外一个好朋友要冲刺重点中学，受到影响，也改变了心意，开始冲刺重点中学。最终，果然成功考取了重点中学，爸爸妈妈高兴极了。

进入青春期，孩子的独立意识和自主意识越来越强，父母如果继续像孩子小时候那样，对孩子发号施令，甚至强求孩子必须听取他们的意见，一定会遭到孩子的反对，甚至会事与愿违。事例中，原本的乖乖女果然，就因为父母迫不及待地想要说服她考取重点中学，所以心生逆反，反而故意逃避课外班，不愿意配合父母的安排。幸好，爸爸妈妈意识到问题的所在，很快就改变策略，从说服果然，到尊重果然，从强求果然，到任由果然自主做出选择，最终成功地打开了果然的心扉，让果然自己决定主动冲刺重点中学。常言道："千金难买我愿意。"如果果然就是不愿意考取重点中学，那么爸爸妈妈不论怎么强求都无效，恰恰是因为果然主动改变了想法，所以才能在最后阶段全力以赴地冲刺，成功考上了重点中学。

老子主张无为而治，其实对于独立性越来越强、越来越渴望得到父母的尊重和平等对待的青少年来说，在家庭生活中，也需要父母的无为而治。偏偏现实生活中有很多父母都喜欢掌控孩子，在他们心中，孩子似乎永远都长不大，也永远都不能做自己的主。之所以出现这样的情况，是因为孩子长大了，父母却有很强的滞后性，忽略了孩子的成长。从某种意义上来说，父母把孩子握在自己的手掌心，就像是把流沙握在手掌心一样。手握得越紧，沙子就越是会悄然溜走。明智的父母知道要对不断成长的孩子放手，孩子越是长大，父母就越是要减少对孩子的控制，这样才能建立良好的亲子关系，与孩子成为朋友，陪伴孩子不断成长。从另一个角度来说，父母不管多么爱孩子，都不可能始终陪伴在孩子的身边。等到终有一日孩子长大了，父母老去了，总会先于孩子离开这个世界。那么，父母及早对孩子放手，让孩子主动自发地成长，体验和感悟生命，才能培养孩子的独立自主，让孩子在离开父母的庇护后也能独立生存。

当然，培养孩子的独立性，最大的好处在于，孩子也许会对父母的建议或者提议产生逆反心理，却不会对自己的想法产生抗拒心理。父母与其一味地强迫孩子听从父母的建议，还不如引导孩子自己做出自己的选择，这样一来，孩子才能从排斥抵触父母和故意拖延的状态，变得积极主动，实现自己的理性。这样让孩子从被动到主动，还能取得良好的效果，何乐而不为呢？相信明智的父母都会做出正确的选择，也会以更好的方式与孩子相处，从而成功地帮助孩子戒掉拖延。

第八章
营造良好的成长氛围,和身边的人携手共进

孩子的健康成长,离不开父母的努力。父母既然生养了孩子,也就要努力为孩子营造良好的成长氛围。很多父母都望子成龙、望女成凤,却忽略了孩子有自身成长的节奏,也忽略了孩子自身的特点。每一个孩子都是天生的璞玉,需要父母根据孩子自身的特点进行因势利导的雕琢。每个孩子都有缺点也有优点,父母看到孩子的优点要欢喜,看到孩子的缺点要包容,更要针对孩子自身的特点进引导和帮助。这样才能最大限度地助力孩子成长。

多多关注孩子

最近这段时间，妈妈发现豆萁就像蜗牛一样，不管做什么事情，都慢慢吞吞磨磨蹭蹭。吃饭，豆萁总是最后一个吃完；写作业，每天晚上都是磨蹭到很晚才完成；早晨，总是最后一个才到学校，踩着上课铃跑进教室。妈妈对此简直感到快要崩溃了，不知道豆萁为何会突然变得行动慢速如同蜗牛，也不知道怎样才能提升豆萁的速度。

有一次，妈妈参加了青少年讲座。举办讲座的专家，把青少年拖延症也作为讲座的内容之一，而且还列举了很多导致拖延症的原因。妈妈这才知道原来豆萁是有拖延的症状了，而且她也了解到有些孩子之所以拖延，并不是因为懒惰，也不是因为畏难，而是为了得到父母或者老师的关注。妈妈忍不住开始思考："豆萁故意拖延，究竟是为了吸引父母的关注，还是为了吸引老师的关注呢？"思来想去，妈妈也没有得到明确的答案，但是这并不影响妈妈当即采取行动——开始关注豆萁。

晚上，妈妈偶尔会陪着豆萁一起写作业，看到豆萁有小小的进步，妈妈就会表扬豆萁。尤其是在豆萁速度加快的时候，妈妈更是会给豆萁鼓励。每当全家人在一起举行活动的时候，妈妈还会刻意地进行比赛，也激励豆萁快速胜出。就这样，随着爸爸妈妈对于豆萁的关注度越来越高，豆萁的表现越来越好。妈妈还和老师进行了沟通，告诉老师豆萁需要更多的关注。

在学校里，老师也更加关注豆萁，还任命豆萁为小组长，负责小组的学习呢。就这样，豆萁越来越积极主动，从此前的懈怠磨蹭状态，到现在活力充足，豆萁就像变了一个人。

在这个事例中，豆萁原本不拖延，却突然改变，就是因为他的自我意识越来越强，渴望得到父母和老师的关注。其实，在班集体里，最受关注的不仅仅有那些表现突出的好学生，也有那些表现不好的学生。而作为中等生，是最容易被忽视的。不仅仅在班级里如此，在家庭生活中，如果孩子表现得不需要父母操心，渐渐地，父母也就会忽略孩子，减少对孩子的关注。尤其是在父母忙于工作的情况下，更是会把重心放在工作上。

随着孩子不断地成长，他会越来越渴望得到父母的关注和认可。在家庭生活中，父母不管工作多么忙，也不管孩子多么省心，都要有意识地多多关注孩子。当父母把孩子的一言一行都看在眼里，把孩子点点滴滴的进步都记在心里，孩子就会始终充满力量，始终坚持做出最好的表现。

随着二胎政策的放开，很多家庭里都有了二胎。那么，为了迎接二胎，父母最需要留意什么？父母应该注意到，不是把所有的时间和精力都用于照顾二胎，而是要看到二胎带给大孩的影响。原本，大孩得到了父母所有的关注和爱，但是随着二胎的降临，父母难免手忙脚乱地不自觉地把所有精力都放在照顾二胎上，如此一来，就会无形中忽略大孩。在这种情况下，大孩会感受到委屈，也会觉得自己变成了不受关注的孩子。他们也许不会去和二孩争宠，但是有可能因为心中不满，而表现出异常的行为，例如过于调皮捣蛋，过于拖延，这其实都是孩子在以无声的语言诉说心中的不满。作为二孩父母，一定要看到大孩的异常表现，也要给予大孩更多的关注和更好的照顾。

那么，具体而言，面对孩子的蓄意拖延，父母到底应该怎么做呢？

首先，建立良好的亲子沟通关系。人与人之间相处，最重要的就是沟通，即使亲如父母子女，也是如此。如果父母能够与孩子之间展开顺畅的沟通，就可以询问孩子拖延背后的原因，也可以让孩子说出内心真实的想法，如此一来，父母就无须再去猜测孩子的心思，而是可以在最短的时间内给予孩子需要的关注。

其次，面对孩子无声的求关注，父母还可以多多制造与孩子单独相处的机会。例如，每隔一段时间，父母可以把二孩托付给长辈照看，带着大孩，一家三口出去玩一玩，让大孩感受到虽然有了弟弟妹妹，但是爸爸妈妈对他的爱并没有减少。这样不但可以增进亲子关系，也可以让大孩对二孩的到来心情平静，真心欢迎。

最后，父母要有意识地改变对孩子的关注方式。很多爸爸妈妈在孩子表现很好的时候，并不会关注孩子，而在孩子表现出拖延或者其他异常举动时，就会走过去叮嘱孩子要好好表现。长此以往，父母就会让孩子形成错觉，即他们只有表现不好的时候才会得到父母的关注，这样就会助长孩子的拖延行为。

总而言之，在孩子拖延行为的背后隐藏着很多深层次的原因，作为父母，要了解孩子拖延行为背后的心理原因，才能有的放矢地调整与孩子的相处模式。孩子的成长是漫长的过程，离不开点点滴滴的进步，也离不开父母的助力和良好的家庭氛围。

父母要对孩子言传身教

每天早晨,家里都会如同被轰炸了一样乱七八糟的,看着混乱无序的家,妈妈总有一种欲哭无泪的感觉。然而,她再不出门上班就要迟到了,所以她在目送爸爸送丫丫去上学之后,只能狠心离开家,靠着狠狠关门的动作,把凌乱的家关在身后。往往,她一边上班一边在想:"下班回家还要做家务,真是头大!"

有一次,妈妈下班之后和同事一起回家,去同事家里取一份文件,她惊讶地发现同事家里一切都井然有序,不由得感到纳闷:"哎呀,你家怎么这么整齐呢?有老人来帮忙做家务吗?"同事忍不住笑起来:"哪有,我们是外地人,两边的老人都在老家,根本没有人帮忙。这都是早晨边做家务边收拾的。"妈妈惊讶得张大嘴巴:"天啊,这得几点就起床呢?"同事说:"比正常起床时间早15分钟,出门的时候就可以保持整洁。"妈妈说:"我家的东西都丢得乱七八糟,早起15分钟根本不解决问题啊!尤其是孩子的房间里,经过一个晚上和一个早晨的'战斗',早就已经惨不忍睹了。光收拾孩子的房间,就要半个小时。"同事赶紧向妈妈传授经验:"要让家庭成员养成爱干净,维持家庭卫生的习惯啊。我们全家人都会把用过的东西放回原处,在卫生间洗漱之后要随手擦干净水和污渍,我边做饭边整理厨房,这样我只需要早起15分钟负责做饭就好。"妈妈恍然大悟:"原来每个家庭成员都要负责参与，而我却要收拾全家人乱丢的东西。回家我就要开会，必须让大家都养成好习惯。尤其是我家丫丫，简直是破坏大王，有的时候我辛辛苦苦收拾半天才弄好的家，她只需要十几分钟就能弄得和被轰炸机轰炸过一样。不过，这也不能怪孩子，你说的这个好习惯，我和丫丫爸爸都没有呢！"

回到家里，妈妈第一时间就召开了家庭会议，进行了诸多规定：每个人吃完饭要把碗筷放到水池里，每个人洗漱之后要把厕所打扫干净，每个人早晨起床负责叠好被子，把脏衣服放到洗衣机里，每个人都要把自己干净的衣服领回卧室，并且放在衣柜里。此外，对于所有的家务活，妈妈也进行了安排，例如丫丫负责刷碗，爸爸负责拖地、吸地，妈妈负责做饭和洗衣服等等。一开始，别说丫丫不适应，就连爸爸也不适应，妈妈还兼职当着监督员呢，每次看到爸爸把东西弄乱没有复位，妈妈就会提醒和督促爸爸。看到妈妈对爸爸都如此严格，丫丫自然也没有办法逃避，只好全家人互相监督，齐心协力争取做到更好。渐渐地，家里的卫生状况越来越好，全家人都养成了不拖延，积极保持卫生的好习惯。

在这个事例中，妈妈找到了问题的症结所在，那就是作为父母，她和爸爸都还没有养成用完东西复位的好习惯，更何况是孩子呢。为此，妈妈在和同事取经之后，先召开家庭会议进行各项规定，接着从爸爸身上着手，监督和督促爸爸把很多细节都做好。就这样，丫丫受到爸爸妈妈的感染，也得到爸爸妈妈言传身教的力量，终于可以把很多事情都做得更好，更加到位。

父母是孩子最好的老师，也是孩子的第一任老师。在不同家庭里长大的孩子，身上一定会带有父母的影子，也会留有家庭的印记。要想为孩子营造良好的家庭环境，父母就要身先示范。如果父母本身就很爱拖延，那就无法规定孩子加快速度做好各种事情；如果父母原来就不爱干净，孩子在乱糟糟、脏兮兮的家里长大，又怎么可能讲究卫生热爱干净呢？因此有人说，孩子是父母的镜子。从孩子身上，可以看到一个家庭的气质，也可以看到父母给孩子的教养。

当确定孩子之所以拖延，就是因为学习父母，那么父母第一时间就要认识到自己的不足，也要当机立断下决心进行改变。父母切勿只许州官放火，不许百姓点灯，自己明明很拖拉，却要求孩子丝毫也不拖拉，这是根本不可能做到的。父母除了要给孩子树立好榜样之外，还要和孩子一起克服拖延的坏习惯。例如，和孩子一起分析拖延的成因，和孩子集中智慧想出战胜拖延的好办法，在孩子对拖延束手无策的时候，多多鼓励孩子。记住，切勿总是对孩子冷嘲热讽，青春期孩子的自尊心很强，还特别爱面子，尤其看重父母对他们的评价。为此，不管什么时候，父母都要给予孩子积极正向的力量，而切勿总是打击孩子。

战胜拖延，更像是一场自己与自己的战斗。而众所周知，每个人最大的敌人就是自己，青少年要想战胜自己，是很难的。一定要树立自信，更加顽强坚毅，这样才能在与拖延展开的拉锯战中获得胜利，也才能真正成为自己的主宰，成功地驾驭人生。

放慢节奏，让孩子"拖延"有理

小玉正在读六年级，是个天生的慢性子。从小，小玉不管做什么事情都慢慢吞吞的，哪怕妈妈很着急地催促，小玉也丝毫不着急。渐渐地，妈妈知道小玉是慢性子，一直想要改变小玉，希望小玉也能和她一样雷厉风行。然而，妈妈做出了很多努力，始终都没有取得良好的成效。有的时候，妈妈催促得急了，小玉还会很崩溃，冲着妈妈大喊大叫，叛逆地与妈妈作对，故意放慢动作，让妈妈心急如焚。这可怎么办呢？有的时候，妈妈真的很着急，例如早晨等着送完小玉去上班，再如全家要去参加婚宴，所有人都准备好了，就等着小玉呢。每当这时，妈妈都忍不住催促，小玉却崩溃得大哭起来。

看着小玉伤心的样子，妈妈意识到问题也许并不出在小玉身上，毕竟身边所有人都说她是个急脾气啊。想到这里，妈妈就开始抱怨爸爸："都怪你，慢性子，这下好了，孩子就随了你了，该怎么办呢？"爸爸对此不以为然："慢性子就慢性子呗，慢性子也没有什么不好，至少不会瞎着急。你看看，我不是也活得好好的，工作上没有落后，生活上也没有落后啊！"妈妈对爸爸的话嗤之以鼻。为了帮助妈妈放松紧张的情绪，爸爸不遗余力地查资料。有一天，爸爸下班回家，拿着几张打印出来的资料，兴致勃勃地给妈妈看："看看吧，专家说了，孩子拖延有理。孩子本身的节奏就比成人慢，成人千万不要盲目地催促孩子，否则就会打乱孩子自身内在的节奏。"看着爸爸煞有介事的样子，妈妈认真地看了资料，才意识到爸爸说得的确有道理。想到自己有时候会终止小玉完成作业，再想到自己有时候会把小玉正在聚精会神看的漫画书夺走，妈妈不由得感到内疚，对爸爸说："以后，只要不是慢得离谱，我就不催了吧。但是，你能保证她长大之后会戒掉拖延症吗？"爸爸说："如果孩子天生就是慢性子，那么她的节奏会比其他孩子更慢一些，我们没有必要给她扣上拖延症的大帽子啊！你以后千万别说小玉是拖延症，否则等到她自认为就是拖延症的时候，你就无计可施了。"妈妈觉得爸爸说得有道理，忍不住连连点头。

给孩子贴标签，是很多父母都会在无意之间做出的事情，也有的父母因为生孩子的气或者对孩子不满，甚至会故意这么做。其实，这是非常糟糕的教育行为，这对孩子的成长绝没有好处。作为父母，要认识到自己已经是成人了，而孩子正处于成长的过程中，所以父母不要以对待成人的要求对待孩子，尤其是在与孩子相处的时候，更要时刻想到孩子处于特殊的身心发展阶段，从而理解孩子的不足表现，也能够积极地给予孩子正向的引导和帮助。

以孩子小小的年纪来说，他们很难跟得上成人的节奏。这时就要求父母要放缓节奏，给孩子更好的陪伴。有些事情，对于成人而言很容易，但是对于孩子来说，想要完成却很难。孩子有那么长的时间可以成长，父母又何必揠苗助长呢？

当发现孩子表现得慢如蜗牛时，父母还要避免指责孩子。太多的父母都很心急，他们每天都像不停旋转的陀螺一样工作、生活和学习，几乎没有时间蹲下来平视孩子的目光，也没有时间思考孩子到底在想什么。成人活得如此聪明，是巨大的压力导致的，但是孩子并不需要首先追求速度。他们更应该按照自身成长的节奏，亲近大自然，亲自去摸索和实践，领悟很多道理。父母要给予孩子足够的时间和空间，也要在陪伴孩子的时候，放缓自身的速度，给予孩子耐心的引导和帮助，这样孩子才能遵从自然的成长规律，也能充分地享受生命。古人云："欲速则不达。"时至今日，这句话依然有道理。有的时候，快就是慢，有的时候，慢就是快。作为父母，你们准备好牵着蜗牛去散步了吗？

适当运用鼓励

面对蔷薇的重度拖延症,妈妈简直崩溃,但是不管怎么批评,蔷薇都没有好转。思来想去,妈妈只好改变思路,决定要多多鼓励蔷薇,甚至用条件交换。例如,蔷薇早晨吃饭很慢,妈妈说:"蔷薇,快点儿把饭菜吃完,早早去学校,妈妈也能按时上班,我可以把一个月的全勤奖分你一半哦!"蔷薇马上两眼放光:"真的吗?那可是好几百块钱呢,随便我怎么花都可以吗?"妈妈点点头:"如果你每天都坚持早起,而且加快动作,不让我因为迟到而被扣掉全勤奖的话!"晚上,蔷薇写作业磨磨蹭蹭,直到很晚都没有写完,妈妈忍不住对蔷薇说:"10点之前完成作业,可以额外奖励玩半个小时手机游戏。"原本,蔷薇除了周末是不能玩游戏的,为了得到奖励,原本写字很慢的她只好加快速度,导致作业质量大大降低。

然而妈妈并没有意识到问题的出现,反而因为蔷薇能够早早起床去学校并按时完成作业而高兴。直到有一天,老师打电话给妈妈:"蔷薇妈妈,蔷薇最近作业质量很差,不知道您是否知道是什么原因导致的?"妈妈当即就想到蔷薇是为了提升速度,就忽略了质量,她把前因后果讲给老师听,老师说:"其实,每个孩子完成作业的速度是不同的,当然,也不排除有些孩子之所以慢,就是在拖延。我建议您要找到孩子慢的真正原因,才能有的放矢地帮助孩子戒掉拖延,让孩子在学习上的表现又快又好,做作业保质保量。当然，您也要慎重使用交换条件的方式，否则孩子就会觉得她早起是为了您，快速完成作业也是为了您。等到交换的条件消失，她就不能主动保持良好的表现了。"听到老师的分析，妈妈意识到问题的根源，当即表示要改正错误的激励方式，从以物质奖励为主，到以精神奖励为主，从以条件交换为主，到以多多鼓励为主，从而激发蔷薇的内部驱动力。

在这个事例中，妈妈所犯的错误是很多家长都会犯的，即以条件交换和物质奖励的方式和孩子做交易，看起来，这是非常有效的方式，也能在最短的时间收到良好的效果，但是却是短视的教育方法，甚至还会带来负面的后果。举例而言，学习原本就是孩子自己的事情，如果孩子不能自主学习，而必须在有外部奖励的情况下才能坚持学习，那么渐渐地，他们就不能继续自发主动地学习。作为父母，要激发孩子学习的内部驱动力，而不要让孩子误以为可以把学习作为交换，得到自己想要的东西，或者换取一定的游戏时间。

从心理学的角度而言，每个人的行动都离不开力量的驱动，一种是外部驱动力，一种是内部驱动力。所谓外部驱动力，就是从外界得到的行动力，例如为了玩游戏或者得到金钱和物质的奖励而采取行动；一种就是内部驱动力，和外部驱动力相比，内部驱动力是更为持久和强劲的，也是孩子学习的主动力量。作为父母，要想帮助孩子改掉拖延的坏习惯，让孩子有足够的力量不断地努力向上，达到即使遇到困难也能想方设法地克服困难的状态，只靠着以物质奖励的方式给予孩子外部驱动力是远远不够的，最重要的是激发孩子的内部驱动力，这样孩子才会有越来越好的表现。

总是以条件交换，激励孩子加快速度，战胜拖延，还有一个很大的弊端，即会让孩子养成凡事都讲条件的坏习惯。孩子开口闭口谈条件，无疑会让父母抓狂，父母却不知道，这正是他们在不知不觉间给孩子养成的坏习惯。所以，父母切勿为了追求短暂的效果就以条件交换的方式激励孩子，而是要始终怀着长远目标，坚持以正确的方式激发孩子的动力，让孩子认识到学习是自己的事情，也理应坚持做好的事情。

　　当然，适度激励还是要有的。小小的激励，能够让孩子感受到父母的认可和重视，也能够让孩子感受到成功的喜悦。每当有了进步，每当在一个阶段内获得了成功，孩子总是希望能够和父母分享这份喜悦，在这种情况下，父母要及时关注孩子，也要及时鼓励孩子。凡事皆有度，在给孩子激励时，父母要掌握好合适的度，避免孩子形成凡事都要奖励的坏习惯。其实，孩子在规定时间内保质保量地完成任务，他们会获得成就感，也会获得满足感，这才应该是孩子得到的最大奖励。

拖延的孩子有理由生气吗

在妈妈的不断催促下，佳宁终于赶在10点前完成了作业。妈妈忍不住长吁一口气，对佳宁说："看看吧，你是有能力在规定时间内完成作业的。妈妈希望你不仅今天能做到，未来每一天都能做到，你是最棒的！"得到妈妈的表扬，佳宁忍不住开心起来，说："好的，妈妈，保证完成任务！"接下来，佳宁开始收拾书包。原本，妈妈希望佳宁速战速决，早点儿洗漱睡觉，弥补睡眠的不足，却没想到佳宁因为刚才按时完成作业，又得到了妈妈的表扬，因而心理上有些懈怠，不仅磨磨蹭蹭了半个小时还没有收拾好书包，也还没有去洗澡呢！妈妈不由得又开始催促佳宁："你能不能快点儿？！收拾书包有这么费劲么？你就不能手脚麻利点儿吗？"说着，妈妈还忍不住帮助佳宁，随手拿起几本书塞进书包里。

佳宁忍不住生气地说："哎呀，哎呀，收错啦。你能不能不要帮倒忙了？！"妈妈看到佳宁气鼓鼓的样子，也抱怨道："狗咬吕洞宾，是吧？你如果自己不能做得又快又好，就不要抱怨别人做得不够好。"佳宁嘀咕道："我又没有让你来帮忙！"妈妈也很恼火："好吧，你是没有让我帮忙。那我告诉你，以后10分钟收拾不好书包，10点半不能进入卫生间开始洗澡，我就直接把你凌乱的课本、文具等都丢进垃圾箱。这样你就不会抱怨我催促你，或者好心帮倒忙了！"就这样，妈妈和佳宁不欢而散，整个晚上，佳宁都气鼓鼓的。

孩子那么拖延，为何在被父母催促或者帮忙的情况下，还会生气呢？作为父母，每当看到孩子这样的表现，就会感到委屈：我好心帮你的忙，你还抱怨我，你还生气，你有什么资格生气啊！每个人都会从自己的角度出发去考虑问题，那么作为拖延的孩子，到底有没有理由生气呢？

在父母眼中，孩子的确是很拖延的，但是孩子本身的节奏就比成人慢，他们或许觉得自己压根没有拖延，或许觉得自己只是略微慢一些，总而言之，他们对自己错误的认识程度绝对没有父母那么深刻，自然而然地，他们也就不觉得自己应该被父母那么着急地催促或者那么严厉地批评了。有的时候，父母唠叨或者催促的次数多了，孩子还会故意和父母唱反调，不愿意配合父母加快速度。作为父母，则常常为孩子担忧：现代社会，生存的压力这么大，孩子们这么懒散懈怠，拖延成性，将来有一天不得不独立面对生活，又要如何应付呢？

面对拖延的孩子比父母更生气的问题，父母其实是有能够解决问题的捷径可走的。首先，不要和孩子硬碰硬，进行情绪碰碰车是不合时宜的。孩子虽然小，但也有自己的想法和情绪，如果父母总是和孩子针锋相对，那么孩子必然会更加生气，甚至会出现情绪失控的现象。与其让问题变得更加糟糕，父母不如采取冷处理的方式，等到双方都恢复情绪平静，再心平气和地与孩子沟通。

其次，孩子很反感说教模式，不如采取灵活变通的方式给孩子讲道理，例如讲故事，或者说些身边真实发生的案例，或者什么也不说，让孩子切身感受到拖延的后果，这些都是很不错的方法，能够帮助孩子更深刻地认知道理。有的时候，父母教导的道理孩子不愿意遵从，但是对于自己领悟的道理，孩子却认知得很深刻。

再次，父母要尽快恢复情绪平静，这样才能理智地分析孩子为何会生气，有何难言之隐。有些孩子并没有意识到自己在拖延，却被父母说成是故意拖延的，他们就会觉得很委屈；如果父母当着其他人的面不分青红皂白地批评孩子，孩子也会觉得没面子；还有些孩子天生就是外交家，他们会以拖延的方式试探父母的底线，在这种情况下父母无须生气，只要明确告知孩子自己的底线即可；青少年原本就容易情绪冲动，父母不要强迫孩子压抑情绪，而是要给孩子合理宣泄情绪的渠道，可以让孩子独自一个人发泄情绪，也可以引导孩子找到解决问题的方法，协助孩子"消气"。

最后，父母要意识到亲子相处是一门学问，也是一门艺术，更要知道孩子的成长是漫长的过程，并不像简单的数学题那样可以精确地完成。随着孩子的成长，父母也要不断成长，才能与时俱进。有些孩子需要父母的安抚，也有些孩子需要父母的陪伴，还有的孩子需要父母的拥抱。父母要洞察孩子的内心，也要熟悉孩子的情绪状态，才能给孩子最好的关注和帮助，及时满足孩子身心所需。面对拖延孩子的气愤情绪，相信明智的父母都知道应该如何应对和解决了吧？

远离"拖延症患者"

最近,妈妈发现彤彤的拖延表现越来越严重,却不知道原因出在哪里。她对照专家列举的青少年拖延症的诸多成因,一条一条地筛查,发现并没有彤彤可以对号入座的条款。那么,问题到底出在哪里呢?妈妈百思不得其解,只好时不时地就提醒彤彤加快速度,或者催促彤彤要尽快完成任务。但是收效甚微,彤彤还是慢悠悠的,一点儿都不着急。

周末,老师布置了一项小组任务,需要小组成员们进行分工,密切合作,齐心协力地完成。看到班级群里很多小组成员都在借用父母的聊天工具进行沟通,而彤彤却没有任何动静,妈妈忍不住问:"彤彤,你们小组的成员开始讨论了吗?我怎么没看到你参与讨论啊?"彤彤不以为然地说:"没呢,没呢,他们比我还磨蹭!"妈妈惊讶地问:"其他三个组员都比你更磨蹭吗?"彤彤点点头:"是的,是的,每次活动都要我先开头,他们才能响应。看到他们都不着急,我也不着急,反正是小组行动,老师也不会单批评我一个。"听到彤彤的话,妈妈恍然大悟:"在学校里,你们四个人始终都是一个小组吗?"彤彤点点头,说:"对,您还总是嫌弃我慢,其实我是所有人里最快的。"妈妈无奈地摇摇头,当即对彤彤说:"我知道你为什么越来越拖延了。你就是受到了其他人的不良影响。我觉得,既然你们组的人都很慢,那么就不要再在一个组了,至少要调走两人,调来两个急性子的，才能带动你们。我会和老师说的，你等着接受老师的调配就行。"

找了个机会，妈妈把彤彤所在的学习小组的情况详细告诉了老师，并且把彤彤越来越拖延的原因也分析给老师听。老师觉得妈妈担忧得很有道理，当即答应了妈妈的请求，并且表示会尽快调整。次日，老师就调整了几个小组的学生配置情况，保证每个组里都会有急性子的孩子作为排头兵，也会有慢性子的人作为响应者。就这样，各个小组的行动力大大增强，彤彤原本就介于急性子和慢性子之间，有了急性子的同学作为带动者，她的动作越来越快了。

青少年拖延有很多种原因，一直以来，父母会关注那些被专家列举出来的原因，而忽略很多环境因素的慢性作用和持久影响。事例中，彤彤从原本的不快也不慢，到变得越来越慢，就是因为她所在的学习小组里，其他人都是慢性子，这就无形中给了彤彤负面影响。作为老师，在为孩子组合学习小组的时候，首先，应该考虑到孩子的学习情况。最好能够在每个四人小组里，配置一个尖子生、两个中等生和一个差等生，这样孩子们在学习上才能互相帮助，给予彼此积极的影响。其次，还要考虑到孩子的脾气秉性，例如配置一个特别急性子的学生、两个不急也不慢的学生，再配置一个超级慢性子的学生，同样可以起到相互促进和带动的作用。这样的学习小组面面俱到，也一定会收到良好的学习效果。

作为父母，除了要关注孩子的学习情况，还要关注孩子正在和什么样的同学、朋友交往。尤其是青少年，特别看重同龄人的团队，渴望融入同龄人之间，而不想被同龄人排斥。由此一来，同龄人对孩子的影响力会很强大，父母要充分发挥同龄人的积极影响力来促进孩子成长，也要鼓励孩子多多向同龄人学习。

为了让孩子所在的团队能够加快速度，形成你追我赶的良好竞争氛围，父母还可以引导孩子与团队成员展开竞争。这是在不能随意挑选团队成员的情况下，可以采取的积极有效的措施。能够直接组合成一个良好的团队固然好，但打造一个良好的团队却更为重要。如果能够把这两者结合起来，既以自身的优势影响其他团队成员，也积极地学习其他团队成员的优势和特长，孩子成长和进步的速度就会更快。

  在小的团队中，拖延症具有很大的传染性。如果在团队内部积极主动占据劣势，拖延懈怠占据优势，那么团队成员很快都会变得慵懒。与其徒劳地努力，不如进行理性的选择，采取远离"传染源"的方式让自己充满动力，也可以采取调整团队结构的方式吸纳积极的力量，这样才能最终战胜拖延，让整个团队充满活力。

远离损友，加入正能量圈

英语老师发布了招募令，希望班级里有志于英语学习的同学，都能积极地报名参加英语演讲。季然的英语成绩不算很好，在班级里处于中下等的水平，但是他是一个活泼开朗的孩子，很积极地报了名。同桌得知季然也报名了英语演讲，不由得嗤之以鼻："季然啊，你上次英语考试才考了80分，前面有二十几个同学都是八九十分的呢，我觉得你还是别参加英语演讲了，把机会留给那些更有能力为班级争光的人吧。"对于同桌的揶揄，季然不以为然："老师又没说必须英语考试成绩好的同学才能参加，我觉得我这么富有激情，只要提前做足准备，就一定能有很好的表现。"同桌对季然所说的话不以为然。

接下来，季然每天早晨都早早到校，挤出时间朗读英语。听着季然不够标准的英语读音，同桌总是嘲笑季然，还时不时地给季然泼冷水："季然，你还是别读了，没有一个音是标准的。""季然，你这么去参赛，岂不是给英语老师丢脸吗？万一你通过初赛，参加决赛，那会把学校的脸都丢光的。"渐渐地，原本信心十足的季然，越来越自卑："我大概真的不行吧，万一真的给老师和学校丢脸怎么办呢？"就这样，季然心中原本熊熊燃烧的热情之火也变得奄奄一息，原本每天早晨都坚持朗读英语的他，渐渐地放下英语阅读，又开始踩着早读铃声进校园了。

季然原本是一个充满热情和满怀信心的孩子,对于老师的号召,他积极响应,却在同桌持续不断的冷嘲热讽中,渐渐地失去了自信,变得越来越沮丧。由此可见,远离损友,加入正能量圈,是孩子们战胜拖延的有效方法。尤其是对于青少年来说,他们很看重身边人的看法。在同龄人的群体中,也往往表现出很强的从众心理。有人鼓励他们,他们会更加积极主动;有人扯后腿或者泼冷水,他们就会怀疑自己的决定。面对这样的孩子,父母要引导他们与积极的朋友相处,而要尽量避免他们和消极的人在一起,受到不良的影响。

从青少年自身的角度来看,一定要树立自信,相信自己,不要过于理会他人的冷嘲热讽或者吹毛求疵。很多事情,只有真正去做,才能争取得到更好的结果,反之,如果还没有开始做就被想象中的困难或者预期的不良后果阻挡住,那么自己就只能停留在当下,没有进步,更不可能突破。

此外,青少年还要增强自制力。很多拖延症的症结都在于自制力太差,作为青少年,一定要选择良友,在和良友相处的过程中,也要多多鼓励朋友,并且坚持自律。只有给予对方积极的力量,相互支持,相互帮助,才能在形成的良好氛围中一起努力,共同进步。青少年还要有顽强的毅力,能够勇敢地坚持。俗话说,笑到最后的人才笑得最好。做任何事情都不可能一帆风顺,只有不断地坚持,持续地努力,在遇到困难的时候第一时间想办法解决问题,战胜困难,全力以赴地做好该做的事情,才能冲破重重磨难,也才能真正地战胜拖延,获得成功。

也有些青少年本身很颓废,但如果不改变自己的心态,只是把希望寄托在他人身上,想要靠着他人的积极主动、热情乐观改变自己的表现,那是根本不可能的。在这种情况下,青少年首先要做的就是调整自己的状态,让自己充满热情,充满自信。每个人都是有气场的,只有形成正能量的气场，青少年才能吸引更多志同道合的朋友到身边，从而增强气场，形成正能量圈。人生固然漫长，却也短暂，要想让有限的生命绽放出光彩，青少年一定要全力以赴地奔向未来，活出自己的充实与美好！

后 记

这本书稿，年前已经基本完工，却拖延到了年后，又过了正月十五，才完成了前言和后记，正式完工。看着书稿的题目，我想，不仅仅青少年需要战胜拖延，作为成人，也同样需要战胜拖延，才能在规定的时间内做好很多事情。

人人都知道做事情必须积极主动的道理，但是从知到行，还有很长的路要走。很多时候，导致我们拖延的或许只是一件很小的事情，或者是一件大事情，例如我给自己找到的拖延借口就是，2020年开年就面对着如此严重的疫情，我怎么可能静下心来完成前言和后记呢？这还是在成人自制力相对较强的情况下，对于孩子而言，在如此紧张忧虑的状态下要想度过一个愉快而又充实的假期，显然更难。从2月10日开始，孩子们开始了在线学习，这需要他们有自制力，也能够集中注意力，专注地投入学习。可以说，在疫情严重的情况下，每一个能够端坐在电脑前进行在线学习的孩子，都已经战胜了拖延。作为成人，我们祈祷着疫情赶快过去，可以踏踏实实地投入工作，孩子也能够尽快回到学校里进行学习。

拖延，不仅是青少年面对的难题，也是所有成人都面对的难题。作为父母，在督促青少年战胜拖延时，自己也要做出表率，战胜拖延，这样才能成为孩子的好榜样，也才能营造良好的家庭氛围。

有些父母对于青少年拖延的行为不以为意，觉得只要长大就好了。其实，这是错误的想法，习惯的力量是非常强大且顽固的。不管是谁，一旦养成了拖延的坏习惯，再想改掉，就会难上加难，更何况拖延这个坏习惯还迎合了人懒惰的本性呢？所以父母一定要从现在开始就积极地帮助孩子战胜拖延，否则拖延就会引起严重的后果，甚至影响孩子的一生！

　　预防拖延很容易，最好的方法是在孩子还没有形成拖延的坏习惯之前，就有意识地帮助孩子远离拖延。当然，即使孩子已经养成了拖延的坏习惯，父母也不要着急，更不要简单粗暴地对待孩子。教育孩子从来不仅仅是一门技术，更是一门艺术，父母唯有掌握教育的方法和技巧，真正尊重孩子，才能避免激发孩子的逆反心理，从而让教育卓有成效，事半功倍！

　　最后要特别声明的是，本书能得以最终出版，是因为得到了深圳市心理咨询行业协会会长蒋平教授的指导；在日常心理咨询工作与写作过程中，得到深圳灵通心理科学研究所心理咨询中心的咨询专家崔玮、孙嘉忆、许露露、陈奕栩、水灵、刘莹、周红雁、杨丽萍、孙进、杨滢熙、孙小添、朱龙华、陆梦佳、曾艺成等的大力支持，在此一并表示感谢！